Dragan Ž. Šaler • Aleksandar M. Ognjević

R.E.P. type F
in Royal Serbian Air Force

R.E.P. type F in Royal Serbian Air Force • Dragan Ž. Šaler, Aleksandar M. Ognjević
First edition • LUBLIN 2019

Photo credits/zdjęcia: **Dragan Ž. Šaler, NLSA, B.N.F., AMB**

Cover/okładka: **Arkadiusz Wróbel**
Colour profiles/sylwetki barwne: **Dragan Ž. Šaler**
Scale drawings/rysunki techniczne: **Dragan Ž. Šaler**
3D visualisation/wizualizacje 3D: **Dragan Ž. Šaler**
DTP: **KAGERO STUDIO**
Translation/tłumaczenie: **Maja Katanić, Djordje Nikolić, Aleksandar M. Ognjević (photo-titles), Stanisław Powała-Niedźwiecki (polish translation)**
Proof-reading/korekta: **Djordje Nikolić, Aleksandar M. Ognjević**

ISBN: 978-83-66148-53-6

© All rights reserved. With the exception of quoting brief passages for the purposes of review, no part of this publication may be reproduced without prior written permission from the Publisher

KAGERO Publishing • e-mail: kagero@kagero.pl, marketing@kagero.pl
Editorial office, Marketing, Distribution: Oficyna Wydawnicza KAGERO, Akacjowa 100, os. Borek – Turka, 20-258 Lublin 62, Poland, phone/fax +4881 501 21 05
www.kagero.pl

Foreword

Designs by Robert Pelterie represented a giant leap in the advance construction of the airplanes, as well as endurance testing, which Pelterie was the first to conduct by loading the airplane wings on the ground. In this way, he established a standard, which will be adopted by all airplane manufacturers. Despite the significant interest and proven quality of R.E.P. series airplanes, their use never became what it could have been. Unfortunately, it was shown that the brilliant Frenchmen was a far better designer than negotiator and a salesman, which finally led to the bankruptcy and sale of his company.

By the turn of the events, at the very beginning of the First Balkan war, entirely unexpectedly, single R.E.P type F fell into the hands of the Royal Serbian Army. This airplane was ordered by the Ottoman Empire, and when the war started, it was packed in a railway wagon within a composition which was at the time located at the railway station in Toponica near Niš. Even though Serbia later had to pay for the confiscated airplane, "the present" was welcomed by the Royal Serbian Army Command which hurriedly worked to equip and to organize its own Air Force.

This book describes the use of the sole example of R.E.P. airplane, which carried the colours of the Kingdom of Serbia. The authors tried to "leave no stone unturned" searching for rare information concerning this almost forgotten airplane. They thoroughly searched domestic and foreign archives, magazines and collections. This book covers largely the construction and all the details related to the tactical and technical characteristics of this extraordinary airplane. The contents are supplemented by numerous 2D/3D and technical drawings, which for the first time detail even the smallest construction details, assemblies, engine, equipment as well as camouflage schemes and markings of this unique airplane.

Wstęp

Projekty lotnicze Roberta Pelteriego stanowiły ogromy skok w dziedzinie konstrukcji samolotów. Jako pierwszy przeprowadzał próby wytrzymałościowe, obciążając skrzydła płatowca na ziemi. Wypracował w ten sposób standard, który w późniejszym okresie był wykorzystywany przez wszystkich producentów lotniczych. Choć samoloty R.E.P. cieszyły się znacznym zainteresowaniem i udowodniły swoją wartość, nigdy nie wykorzystano ich potencjału w pełni. Niestety okazało się, że genialny Francuz był znacznie lepszym konstruktorem niż negocjatorem i sprzedawcą, co ostatecznie doprowadziło go do bankructwa i sprzedania wytwórni.

W wyniku pewnego zbiegu okoliczności na samym początku pierwszej wojny bałkańskiej w ręce lotników Królewskich Sił Powietrznych Serbii nieoczekiwanie wpadł pojedynczy R.E.P. typ F (oryginalnie zamówiony przez Imperium Osmańskie). Płatowiec i całe wyposażenie załadowano do wagonu kolejowego, który w chwili wybuchu wojny znajdował się na stacji Toponica nieopodal Niszu. Mimo że Serbia musiała później zapłacić za skonfiskowany samolot, „prezent" został entuzjastycznie przyjęty przez Dowództwo Królewskiej Armii Serbii, które zaczęło pośpiesznie wyposażać i organizować swoje siły powietrzne.

W książce opisano wykorzystanie bojowe jedynego egzemplarza R.E.P. w barwach Królestwa Serbii. Autorzy „przetrząsnęli" wszelkie możliwe źródła w poszukiwaniu rzadkich informacji dotyczących tego niemal zapomnianego samolotu. Dokładnie przeszukali miejscowe i zagraniczne archiwa, magazyny i kolekcje lotnicze. Tekst traktuje w dużej mierze o konstrukcji i wszystkich detalach związanych z technicznymi charakterystykami oraz taktycznym wykorzystaniem tego nietypowego samolotu. Treść uzupełnia kilkadziesiąt rysunków technicznych oraz ilustracji 2D i 3D, które po raz pierwszy prezentują konstrukcję omawianej maszyny w najmniejszych detalach. Prócz dokładnych grafik przedstawiających szczegóły płatowca, silnika, elementów wyposażenia i ich montażu przedstawiono również schematy kamuflażu i oznaczeń stosowanych m.in. w serbskim R.E.P. typ F.

Five-cylinders semiradial R.E.P. engine. Engine power was 30HP (22kW), running at 1400rpm and weight 60kg.
Pięciocylindrowy półgwiazdowy silnik R.E.P. Jednostka osiągała moc 30 KM (22 kW) przy 140 obrotach na minutę. Waga wynosiła 60 kg. [NLSA]

Seven-cylinders semiradial engine of Robert Pelterie. Engine power was 35–45HP (26–33kW), running at 1200rpm, weight 70kg. It was produced during 1907–1908.
Siedmiocylindrowy półgwiazdowy silnik Roberta Pelteriego. Silnik osiągał moc 35–45 KM (26–33 kW) przy 120 obrotach na minutę. Ważył 70 kg. Jednostkę wyprodukowano w latach 1907–1908. [NLSA]

The pioneer era

Robert Esnault-Pelterie (1881–1957) became interested in aerodynamics and airplane construction while he was still a student. By the end of his studies, in 1902, he made his first glider, which had wing area of $18m^2$, however he did not achieve any remarkable results.

He built the next two gliders in 1904. The test flights proved that the gliders were quite unreliable and very unstable. The flights were short, with rough landings and frequent breakdowns. Having learned from bad experiences, Pelterie started testing aerodynamic parameters on the models. During the experiments, he used a car, whose velocity did not exceed $80km/h$, on which he installed anemometer and dynamometer. In this way he carried out a series of aerodynamic measurements on a series of airfoils with different types of wings.

In the meantime, he also worked on the construction of a petrol engine, since a suitable engine with required power and light weight for use with airplane, did not exist at that time. He designed and built a five-cylinder semi radial engine with the cylinders in two rows. By using this concept,

Era pionierów

Robert Esnault-Pelterie (1881–1957) zainteresował się aerodynamiką i budową samolotów w czasach studenckich. W 1902 roku, pod koniec studiów, zbudował swój pierwszy szybowiec, którego powierzchnia skrzydeł wynosiła 18 m². Mimo to konstrukcja okazała się mało wartościowa.

W 1904 roku wybudował kolejne dwa szybowce. Próby w powietrzu wykazały ich dużą zawodność i niestabilność. Loty były krótkie, lądowania twarde, a uszkodzenia konstrukcji częste. Po złych doświadczeniach Pelterie zaczął testować właściwości aerodynamiczne na modelach. Do przeprowadzania eksperymentów wykorzystywał samochód, na którym instalował instrumenty pomiarowe: anemometr oraz dynamometr. Prędkość maksymalna auta nie przekraczała 80 km/h. Wykonał w ten sposób szereg pomiarów aerodynamicznych, sprawdzając wiele profili lotniczych dla różnych typów skrzydeł.

W międzyczasie pracował nad konstrukcją odpowiednio lekkiego i mocnego silnika spalinowego, który można by wykorzystać do napędu samolotu. W omawianym czasie taka jednostka jeszcze nie istniała. Zaprojektował i zbudował pięciocylindrowy półgwiazdowy silnik z cylindrami umieszczonymi w dwóch rzędach. Koncepcja ta rozwiązywała problem odpowiedniego smarowania dolnych cylindrów. Pierwszy skonstruowany przez Pelteriego silnik osiągał moc 20 KM (15 kW) przy 1200 obrotach na minutę. Próby jednostki napędowej rozpoczęły się w 1907 roku. Ich wyniki były dobre. W późniejszym okresie powstała cała seria silników, spośród których można wyróżnić pięciocylindrową jednostkę osiągającą 30 KM (22 kW) przy 1400 obrotach na minutę oraz wersję siedmiocylindrową o mocy 50 KM (37 kW).

W pierwszych dniach jesieni 1909 roku Pelterie opracował pięciocylindrowy silnik o mocy 60 KM (44 kW). Rok później zbudował siedmiocylindrowy silnik gwiazdowy o mocy 90 KM (66 kW). Najmocniejszy silnik powstał w 1911 roku. Jednostka osiągała moc 150 KM (110 kW) przy 1200 obrotach na minutę. Jej waga wynosiła 200 kg. W fabryce R.E.P. zaprojektowano i wyprodukowano ponad piętnaście typów silników o różnych parametrach.

1909 ten-cylinders engine created by frontal merging of two five cylinders semiradial engines. Engine power was 50HP (37kW), running at 1500rpm, weight 97kg. Each engine had independent fuel and oil supply, intake manifold and carburetor. Magnetos were installed as well.
Dziesięciocylindrowy silnik stworzony po czołowym połączeniu dwóch pięciocylindrowych silników półgwiazdowych. Jednostka osiągała moc 50 KM (37 kW) przy 1500 obrotach na minutę. Jej waga wynosiła 97 kg. Każda półgwiazda miała niezależny układ paliwowy i olejowy, kolektor dolotowy oraz gaźnik. Zainstalowano również iskrowniki. [NLSA]

Robert Pelterie in the airplane R.E.P. 1 just before taking off on 22 October 1907. The four-bladed propeller was driven by a five-cylinder 30HP (22kW) engine, and the airplane reached a speed up to 60 km/h.
Robert Pelterie w samolocie R.E.P. 1 tuż przed startem 22 października 1907 roku. Czterołopatowe śmigło było napędzane przez pięciocylindrowy silnik o mocy 30 KM (22 kW). Samolot osiągał prędkość 60 km/h. [B.N.F.]

he managed to avoid the problem of the lower cylinder lubrication. The first Pelterie's engine had an output of 20HP (15kW) at 1200rpm. It was the first air-cooled engine. The engine testing started in 1907, and the results were good. In the period that followed, the entire series of engines was built, including the 30HP (22kW) five-cylinder engine that was running at 1400rpm, as well as the 50HP (37kW) seven-cylinder engine.

At the beginning of autumn of 1909, the 60HP (44kW) five – cylinder engine was made, and the 90HP (66kW) seven – cylinder radial engine was made the following year. He constructed the most powerful engine in 1911. It could achieve the power of 150HP (110kW) at 1200rpm and it weighed 200kg. More than fifteen types of engines with different characteristics were projected and produced in the R.E.P. factory.

Using the gained experience and the required engine, he started construction of his first airplane in the factory, which he founded in a Boulogne-Billancourt, the first of its kind in the world. The R.E.P. I airplane was finished in April 1907. It was a monoplane with the wing area of $18m^2$ and with the 30–35HP seven-cylinder engine. The fuselage structure had a grid shape, was made of welded thin-walled steel tubes, which was a distinctive element for all future Pelterie airplanes. The ground testing lasted until autumn, when finally, at the end of October, the first more significant flight over the distance of 150m took place. Following a rough landing, the airplane was damaged, but it was soon repaired. Its wings were later modified and the test flights continued.

The following year, 1908, four airplanes were constructed, including the R.E.P. II. The new airplane was also a monoplane, with similar construction as the previous one, with changes in tail and very resistant landing gear, which had oil-pneumatic shock absorbers, constructed by Pelterie. During the test flights in June 1908, the airplane managed to fly over a distance of more than 1200m. At the end of testing, during a rough landing, although the shock absorbers

Wykorzystując zebrane doświadczenia i odpowiedni silnik, Pelterie zaczął budowę pierwszego samolotu w swojej wytwórni, którą założył w Boulogne-Billancourt. Była to pierwsza tego typu fabryka na świecie.

Samolot R.E.P. był gotowy w kwietniu 1907 roku. Był to jednopłat ze skrzydłem o powierzchni 18 m². Napęd stanowił siedmiocylindrowy silnik o mocy 30–35 KM. Kadłub opierał się o konstrukcję kratownicową z cienkich stalowych rurek spawanych ze sobą. Był to element wyróżniający wszystkie przyszłe konstrukcje lotnicze Roberta Pelteriego. Próby naziemne trwały do jesieni. Pod koniec października 1907 roku odbył się pierwszy znaczący przelot, którego długość wyniosła 150 m. W wyniku twardego lądowania samolot odniósł pewne uszkodzenia, które jednak wkrótce naprawiono. Nieco później modyfikacji uległy skrzydła, po czym kontynuowano próby w locie.

Rok później powstały cztery kolejne samoloty, włączając w to maszynę R.E.P. 2. Nowy samolot był jednopłatem o takiej samej konstrukcji jak poprzednik. Zmiany dotyczyły sekcji ogonowej. Zamontowano również znacznie wytrzymalsze podwozie, wyposażone teraz w olejowo-pneumatyczne amortyzatory skonstruowane przez Pelteriego. W trakcie prób w powietrzu w czerwcu 1908 roku samolot przeleciał dystans ponad 1200 m. Pod koniec prób samolot doznał znacznych uszkodzeń w wyniku twardego lądowania, choć amortyzatory przejęły większą część uderzenia. Pelterie odniósł poważne obrażenia i odstąpił od oblatywania na rzecz innych lotników.

Tego samego roku powstał R.E.P. 2 bis – poprawiona i nieco cięższa wersja poprzednika. Samolot miał lepszy układ sterownia, który posiadał teraz dwie dźwignie. Jedna z nich służyła zmiany kierunku lotu (lewo, prawo), zaś druga do kontroli wysokości (gór, dół) oraz przechyłów. Prawy pedał był wykorzystywany do regulowania obrotów silnika.

Od 16 grudnia 1907 do 2 stycznia 1908 roku samolot był eksponowany podczas drugiej edycji Salonu Samochodowego w Paryżu, który był organizowany przez Automo-

The plane R.E.P. 2 at the airfield Buc in the summer of 1908. It had an improved construction and a slightly powerful engine so it could reach a speed of 80km/h.
R.E.P. 2 na lotnisku Buc w lecie 1908 roku. Maszyna posiada poprawioną konstrukcję i nieco mocniejszy silnik, który pozwalał jej osiągać prędkość 80 km/h. [B.N.F.]

The plane R.E.P. 2 bis on the runway in October 1908. Although the horizontal tail surfaces were redesigned and more powerful engine installed, the problem with insufficient stability was still present. During the test flight airplane was able to fly eight kilometers.
R.E.P. 2 bis na polu wzlotów w październiku 1908 roku. Pomimo przekonstruowania statecznika poziomego i zainstalowania mocniejszego silnika problem z niewystarczającą statecznością nie został rozwiązany. Podczas lotu próbnego samolot przeleciał osiem kilometrów. [B.N.F.]

Single-seat monoplane R.E.P. type A with a five-cylinder engine, photographed at the end of 1910.
Jednomiejscowy jednopłat R.E.P. typ A z pięciocylindrowym silnikiem. Zdjęcie wykonano pod koniec 1910 roku. [NLSA]

absorbed a great deal of the impact, the airplane was substantially damaged. Pelterie suffered serious injuries and he relinquished flying to others.

During the same year, the R.E.P. II bis, an improved and slightly heavier version of this plane, was constructed. It had an improved control system which consisted of two control levers. One was used to control direction (left – right), and the other for flight altitude (up – down) as well as banking . The right foot pedal was used to regulate the revolutions, i.e. the engine power.

From 16 December to 2 January 1908, the airplane was exhibited at the Fair in Paris which was organized by the Auto Club of France. The exhibition was held in the Grand Palace (*Grand Palais*), huge glass fair hall at Champs-Élysées. Within the automobile show, there was a separate space where the airplane and dirigibles exhibition was organized.

In order to meet the requirements proposed by the French Army, Pelterie constructed airplane with an entirely new conception during 1910. According to the specification, the airplane had to be a two – seater and had to carry 50*kg* of additional cargo and fly over a distance of at least 300*km*.

The R.E.P. type A appeared by the end of 1910. It was a monoplane, single seat weighing 350*kg*, with the length of 6.7*m*, and 7.8*m* wing span, and it used the 60*HP* (44*kW*) R.E.P. engine. It was a competition model which could reach the speed of 120*km/h* and it was produced in several versions.

At the same time, the R.E.P. type B intended for army needs was constructed. Its construction was similar to the previous one, with an increased wing span of 9*m* and more powerful 80–90*HP* (59–66*kW*) engine. It was a two-seater with seats in tandem, weighing 380*kg* and it was slightly slower.

As the airplanes from that period failed to meet the requirements, the French Army officially announced "The great contest for an army airplane", with specifically defined flying and technical requirements. 42 manufacturers with the total of 72 airplanes registered for the contest.

The next model to follow was the R.E.P. type C, an enlarged monoplane with three seats, which used Pelterie 150*HP* (110*kW*) engine.

bilklub Francji. Wystawa znajdowała się w Grand Palais – wielkiej, przeszklonej hali wystawowej w Champs-Élysées. Choć wystawa była poświęcona motoryzacji, organizatorzy wydzielili osobne miejsce dla samolotów i sterowców.

W 1910 roku, chcąc sprostać wymogom określonym przez armię francuską, Pelterie zaprojektował samolot o zupełnie nowej konstrukcji. Według specyfikacji maszyna miała być dwumiejscowa, musiała móc przenosić 50 kg dodatkowego ładunku oraz posiadać zasięg wynoszący co najmniej 300 km.

R.E.P. typ A zbudowano pod koniec 1910 roku. Był to jednomiejscowy jednopłat o długości 6,7 m, rozpiętości skrzydeł wynoszącej 7,8 m oraz masie 350 kg. Napęd stanowił silnik o mocy 60 KM (44 kW) produkcji R.E.P. Samolot powstał jako wersja rajdowa i mógł osiągnąć prędkość 120 km/h. Opracowano kilka jego wersji.

W tym samym czasie zbudowano dwumiejscowy samolot R.E.P. typ B z myślą o sprostaniu wymogom armijnym. Konstrukcja była podobna do poprzednika. Rozpiętość skrzydeł zwiększono do 9 m, zainstalowano również mocniejszy silnik o mocy 80–90 KM (59–66 kW). Maszyna ważyła 380 kg i była nieco wolniejsza od wcześniejszego modelu. Załoga siedziała w układzie typu tandem.

Ze względu na brak odpowiednich konstrukcji w tym okresie armia francuska oficjalnie ogłosiła „wielki konkurs na samolot dla armii", dokładnie określając parametry techniczne, jakie nowa maszyna miała spełniać. Do rywalizacji przystąpiło 42 producentów, którzy opracowali łącznie 72 samoloty na potrzeby konkursu.

Kolejnym modelem z wytwórni Roberta Pelteriego był R.E.P. typ C. Był to powiększony w stosunku do poprzednika trzymiejscowy jednopłat. Napędzał go silnik o mocy 150 KM (110 kW).

Niestety konstrukcje te nie przyniosły firmie żadnych istotnych zysków finansowych, mimo że w trakcie wielkiego rajdu wokół Europy francuski pilot Louis Gilbert wygrał kilka etapów właśnie na samolocie R.E.P. Rajd odbywał się w czerwcu i lipcu 1911 roku.

Pelterie zgłosił do konkursu dwie maszyny. W tym celu przeprojektował i ulepszył dwumiejscowego R.E.P.-a typ B,

Two-seater monoplane R.E.P. type B Militaire. The entire vertical surface of the tail is in the function of the rudder, which was atypical construction detail for Pelterie planes.
Dwumiejscowy jednopłat R.E.P. typ B (wojskowy). Cała pionowa powierzchnia ogona służyła jako ster kierunku, co było nietypowym rozwiązaniem w przypadku samolotów Pelteriego. [NLSA]

Unfortunately, these constructions did not bring any significant financial gain to the manufacturer, despite the fact that, during the great race through Europe, the French pilot Louis Gilbert won prizes at some stages with the R.E.P. The race was held during June and July 1911.

Pelterie applied two airplane types for the contest. For this purpose, he redesigned and improved the existing two-seater Type B and thus created an enhanced construction R.E.P. type D. The new airplane was a two – seater monoplane, with the length of 7.5m and wing span of 11.60m. It was powered by a seven-cylinder rotating 80HP (59kW) Gnome Lambda engine or a seven-cylinder 75–85HP R.E.P. engine. The complete structure, except for the wings, was made of metal steel pipes weighing 250kg. At the time,

tworząc na jego bazie wzmocniony samolot R.E.P. typ D. Był to dwumiejscowy jednopłat o długości 7,5 m i rozpiętości skrzydeł 11,6 m. Napędzał go siedmiocylindrowy silnik rotacyjny Gnome Lambda o mocy 80 KM (59 kW) lub siedmiocylindrowy silnik R.E.P. o mocy 75–85 KM. Cała konstrukcja samolotu, poza skrzydłami, była wykonana z metalowych rurek o łącznej masie 250 kg. Maszyna osiągała prędkość 125 km/h, co było w tym czasie bardzo dobrym wynikiem. Samolot pobił ponadto wiele rekordów prędkości przelotów na dystansach 100, 250 i 530 km. Wszystkie kolejne wersje dwumiejscowych, wojskowych maszyn R.E.P. bazowały na tym modelu.

W 1911 roku armia francuska zamówiła początkowo dwa, a później osiem płatowców z wytwórni Pelteriego.

Monoplan R.E.P. type C with three seats in tandem, could be purchased at a price of 45.000 French francs. The drawing was taken from the 1911 Pelterie catalog.
Jednopłatowiec R.E.P. typ C z trzema miejscami w układzie tandem. Samolot kosztował 45 000 marek francuskich. Rysunek pochodzi z katalogu firmy Roberta Pelteriego z 1911 roku. [Etablissements R.E.P.]

Pelterie's two-seater monoplane R.E.P. Type D was exhibited in the Grand Palais during the Third International Aviation Exhibition in Paris in December 1911.
Dwumiejscowy jednopłat R.E.P. typ D na wystawie w Grand Palais w ramach III Międzynarodowego Salonu Lotniczego w Paryżu. Grudzień 1911 roku. [B.N.F.]

this airplane was very fast and could reach the speed of 125km/h. This airplane had broken several world speed records at 100km, 250km and 530km distances. All the following constructions of the R.E.P. army two-seater airplane were based on this model.

During 1911, the French Army initially ordered two, and later eight more of the Pelterie's airplane. The next year, they received twenty five more airplanes with the Gnome Lambda engine and they used them to equip two Escadrilles. The first REP 15 Escadrille was established in 1912. It had two-seater R.E.P. type K and Type N in its service, which were slightly improved in comparison to the Type D. Two years later, REP 27 Escadrille was also established. Along with the aforementioned two-seater airplane, the Escadrilles had several single-seat airplanes from the same manufacturer.

That year, the competition seaplane R.E.P. type H was also constructed, but it did not have any significant commercial success. Since the engine sale also stopped, Pelterie was forced to sell the factory in 1913, which was resold to Farman brothers in 1915.

The aforementioned Escadrilles used the R.E.P airplanes in the first couple of months of the Great War. The pilots thought highly of them. According to their words, they were solid and reliable machines, easy to operate and simple to maintain and among the fastest on the Western front during the first year of the war. The only shortcoming was poor visibility. The wings were located beneath the cabin, so they largely obscured the view on the terrain.

By the end of 1914, they were taken out of service and replaced with Caudron G3, Farman MF 11 and Morane-

W następnym roku dostarczono 25 samolotów wyposażonych w silniki Gnome Lambda. Płatowce zasiliły dwie eskadry. W 1912 roku jako pierwsza powstała 15. Eskadra REP. Jednostka latała na dwumiejscowych samolotach R.E.P. typ K i typ N, które były nieco ulepszoną wersją typu D. Dwa lata później powstała 27. Eskadra REP. Prócz wspomnianych maszyn dwumiejscowych w obu eskadrach wykorzystywano również maszyny jednomiejscowe, także z wytwórni R.E.P.

W 1911 roku skonstruowano rajdowy samolot morski R.E.P. typ H, który nie odniósł jednak żadnych znaczących sukcesów. W międzyczasie w wytwórni wstrzymano produkcję silników, co w 1913 roku zmusiło Roberta Pelteriego do sprzedania fabryki. W 1915 roku odkupili ją bracia Farmanowie.

Wspomniane wcześniej eskadry wykorzystywały maszyny R.E.P. w pierwszych miesiącach Wielkiej Wojny. Piloci oceniali je wysoko, uznając za solidne i godne zaufania maszyny, łatwe w pilotażu i obsłudze. Ponadto były to jedne z szybszych samolotów na froncie zachodnim w pierwszym roku wojny. Jedyną ich wadą była kiepska widoczność z kabiny. Skrzydła były zlokalizowane tuż pod kokpitem, w związku z czym w dużym stopniu zasłaniały widok w kierunku ziemi.

Pod koniec 1914 roku samoloty R.E.P. wycofano ze służby i zastąpiono je maszynami Caudron G3, Farman MF 11 oraz Morane-Saulnier L. Piloci, którzy latali na R.E.P.-ach, porównywali przesiadkę na nowe maszyny do „jazdy na ośle po zejściu z rasowego konia".

W celu poprawienia widoczności z kabiny Pelterie skonstruował samolot R.E.P typ Parasol o skrzydłach umieszczonych ponad kadłubem. Powstała niewielka seria tych pła-

The airplane R.E.P. type H from 1911 was made primarily for competitions.
Wodnosamolot R.E.P. typ H z 1911 roku powstał przede wszystkim na potrzeby rajdów. [B.N.F.]

Saulnier L airplanes. The pilots who flew the R.E.P airplanes compared this shift to "riding a donkey after riding a thoroughbred horse".

In order to improve the lack of visibility, Pelterie constructed a new model R.E.P. type Parasol with wings placed above the fuselage. It was manufactured in smaller numbers and the British Royal Naval Air Service used them to equip two Squadrons which flew that type during 1915.

The R.E.P. airplanes served with the French Aviation in two Escadrilles, the Great Britain with twelve airplanes, the Ottoman Empire with six airplanes, the Netherlands with one confiscated British airplanes and the Kingdom of Serbia with one confiscated Turkish airplane.

towców. Wykorzystywano je w szeregach brytyjskiej Służby Lotniczej Marynarki Królewskiej, gdzie zasiliły dwa dywizjony, które latały na nich w 1915 roku.

Samoloty R.E.P. służyły w lotnictwie francuskim w dwóch eskadrach, w Wielkiej Brytanii wykorzystywano dwanaście maszyn z tej wytwórni, w Imperium Osmańskim – sześć. Holandia posiadała jeden płatowiec skonfiskowany Brytyjczykom, zaś Królestwo Serbii użytkowało pojedynczą maszynę skonfiskowaną Turkom.

R.E.P. type Parasol with the markings of the British Naval Air Force during 1915. It was powered by rotary nine-cylinder 80HP (59kW) Le Rhone engine.
R.E.P. typ Parasol w oznaczeniami brytyjskiej Służby Lotniczej Marynarki Królewskiej w 1915 roku. Samolot był napędzany dziewięciocylindrowym silnikiem rotacyjnym Le Rohne o mocy 80 KM (59 kW). [NLSA]

Military R.E.P. type N, two-seater with 80HP (59kW) Gnome Lambda rotary engine in service with Escadrille REP 15. The number 10 airplane was photographed at a rally in the summer of 1914, just couple of weeks before the outbrake of the Great War.
Wojskowy R.E.P. typ N – dwumiejscowy jednopłat napędzany silnikiem rotacyjnym Gnome Lambda o mocy 80 KM (59 kW). Maszyna należała do 15. Eskadry REP. Widoczny na zdjęciu samolot z numerem 10 został sfotografowany latem 1914 roku, na kilka tygodni przez wybuchem Wielkiej Wojny. [B.N.F.]

At the service of the Serbian Aviation Command

At the beginning of the XX century, The Ottoman Empire was in deep crisis, with unsolvable problems, both internal as well as external. The defeat in the Italian-Turkish war had a significant impact on Balkan countries (Serbia, Greece, Bulgaria and Montenegro), which formed the Balkan League at the beginning of 1912. The main goal of the League was the liberation of the remaining parts of the Balkan penninsula from the Ottoman rule. After the ultimatum in mid-October 1912, the League declared war on the Ottoman Empire.

W służbie Dowództwa Serbskich Sił Powietrznych

Na początku XX wieku Imperium Osmańskie znajdowało się w głębokim kryzysie, z nierozwiązanymi problemami wewnętrznymi i zewnętrznymi. Porażka w wojnie włosko-tureckiej miała znaczny wpływ na kraje bałkańskie (Serbię, Grecję, Bułgarię i Czarnogórę), które na początku 1912 roku stworzyły Ligę Bałkańską. Głównym jej celem było wyzwolenie pozostałych terenów Półwyspu Bałkańskiego spod tureckich rządów. Po wygaśnięciu ultimatum w połowie października 1912 roku Liga Bałkańska wypowiedziała wojnę Imperium Osmańskiemu.

R.E.P. type N on take-off. During 1913, the Escadrille REP 15 was stationed near Reims.
Start samolotu R.E.P. typ N. W 1913 roku 15. Eskadra REP stacjonowała niedaleko Reims. [B.N.F.]

R.E.P. of the Ottoman Empire aviation during the Balkan Wars.
R.E.P. w barwach lotnictwa Imperium Osmańskiego w trakcie wojny bałkańskiej. [NLSA]

Army Minister of the Ottoman Empire, Mahmut Shevket Pasha, at the airfield with a group of officers in front of the R.E.P. airplane.
Minister sił zbrojnych Imperium Osmańskiego – Mahmut Shevket Pasha – pozuje do zdjęcia z grupą oficerów na tle samolotu R.E.P. [NLSA]

Only a few days after the outbreak of the First Balkan War, at the end of October 1912, at the railway station Toponica near Niš there was a sealed boxcar in transit through Serbia, which was sent from Paris to Istanbul. Since the boxcar contents belonged to the country with which Serbia was at war, the authorities opened it with the intention to verify its contents. It turned out that the boxcar contained a disassambled airplane from the French manufacturer Robert Pelterie.

According to the consignment note, it was the R.E.P. type F with a kit of spare parts (two pairs of wings, wheels, elements of the landing gear, fins etc.).

The airplane was confiscated and transferred by train to Banjica, the airfield near Belgrade. In spite of being the spoils of war, the state of Serbia had to pay the full price to the manufacturer.

The Ministry of Army was aware of the inexperience of Serbian airmen who had recently completed flight training in France, so they engaged several foreign pilots at the beginning of the war, two Russians and four Frenchmen. In early December, they were, together with their Serbian col-

Pod koniec października 1912 roku, kilka dni po wybuchu pierwszej wojny bałkańskiej, na stacji kolejowej Toponica niedaleko miejscowości Nisz znajdował się zapieczętowany wagon towarowy. Pociąg przemierzał właśnie Serbię na trasie Paryż–Istambuł. Biorąc pod uwagę, że ładunek należał do kraju, z którym Serbia toczyła wówczas wojnę, serbskie władze postanowiły otworzyć wagon i sprawdzić, co jest w środku. Okazało się, że był tam rozłożony na elementy samolot francuskiej produkcji z wytwórni Roberta Pelteriego.

W dokumentach przewozowych widniała informacja, że jest to samolot R.E.P. typ F z zestawem części zapasowych (dwie pary skrzydeł, koła, elementy podwozia, stateczniki itp.).

Samolot został skonfiskowany i przewieziony koleją na lotnisko Banjica niedaleko Belgradu. Choć maszyna była łupem wojennym, Serbia musiała zapłacić za nią pełną sumę producentowi.

Ministerstwo Sił Zbrojnych było świadome niedoświadczenia serbskich lotników, którzy ukończyli niedawno kursy pilotażu we Francji. W związku z tym na początku wojny zaangażowano szereg lotników z zagranicy: dwóch Rosjan

French aviator Jules Védrines in front of the Ministry of Army in Belgrade during December 1912.
Francuski lotnik Jules Védrines przed Ministerstwem Sił Zbrojnych w Belgradzie. Grudzień 1912 roku. [B.N.F.]

Russian mechanic Vladimir Fedorovič Saveljev leaning on the rudder of the R.E.P. at the Banjica airfield in December 1912. Ottoman Empire markings are still visible on the airplane.
Rosyjski mechanik Władimir Fedorowicz Saweljew opiera się o ster kierunku samolotu R.E.P. Lotnisko Banjica, grudzień 1912 roku. Samolot wciąż nosi oznaczenia Imperium Osmańskiego. [AMB]

leagues, stationed at the airfield near Skoplje where they performed daily training flights using the Duks (ДУКСЪ) airplane.

A few weeks later, they were deployed to the new airfield, which was located at Trupalsko polje in the vicinity of Niš. Serbian Army Aviation Center was formed at that location, and the airplanes and the equipment which arrived from France were situated there. The pilots, Russian Agafonov (Александар Агафонов Александрович) and French Emile Védrines went to Belgrade.

Their task was to examine the captured monoplane R.E.P., to capacitate it and perform test flights. According to Emile Védrines:

"... Ten days after my arrival in Skoplje, I was returned to Belgrade in order to test the R.E.P. monoplane captured from the Turks. I used the special Prince Pavle's high-speed train and

i czterech Francuzów. Na początku grudnia stacjonowali oni – wraz ze swoimi serbskimi kolegami – na lotnisku Skopije, z którego odbywali codzienne loty na samolocie Duks.

Kilka tygodni później przeniesiono ich na nowe lotnisko – Trupalsko polje w pobliżu Niszu. Utworzono tam Centrum Lotnicze serbskiej armii, do którego kierowano przychodzące z Francji samoloty i wyposażenie. Piloci: Rosjanin Agafonow (Aleksandr Aleksandrowicz Agafonow) i Francuz Emile Védrines udali się do Belgradu.

Ich zadaniem było sprawdzenie przejętego jednopłatowca R.E.P., doprowadzenie go do stanu lotnego i przeprowadzenie testów w powietrzu. Jak wspomina Emile Védrines:

Dziesięć dni po moim przyjeździe do Skopije wróciłem do Belgradu, by przetestować jednopłat R.E.P. przejęty od Turków. Skorzystałem z osobistego, bardzo szybkiego pociągu księcia Pawła, dzięki czemu w krótkim czasie byłem na miejscu. Samolot R.E.P. z 70-konnym silnikiem był w bardzo dobrym stanie. Następnego dnia wykonałem na nim sześć lotów, pięć z nich z serbskimi oficerami na pokładzie, którzy byli zachwyceni możliwością podniebnej wycieczki. Widoki w trakcie lotu były przepiękne – pod nami ciągnęły się rzeki Sawa i Dunaj oraz szerokie równiny Węgier. Bardzo dobrze widzieliśmy również austriackich żołnierzy biwakujących nad brzegiem Sawy. Codziennie latałem nad Belgradem i okolicą. Mój kontrakt wygasał 15 grudnia [według kalendarza gregoriańskiego – przyp. autorów], w związku z czym niebawem musiałem polecieć z Belgradu do Niszu, aby dostarczyć maszynę do Centrum Lotnictwa, gdzie jej dowódca – Miletić – organizował Siły Powietrzne.

Emile Védrines and Lieutenant Stanković in the R.E.P. before taking off at Banjica airfield on 30 December (17 December) 1912.
Emile Védrines i porucznik Stanković w samolocie R.E.P. tuż przed startem z lotniska Banjica. 30 (17) grudnia 1912 roku. [via Thierry Matra]

Russian aviator Aleksandr Agafonov Aleksandrovič in the company of mechanic Saveljev during lunch at the Banjica airfield. There is a R.E.P. airplane in the background.
Rosyjski lotnik Aleksandr Aleksandrowicz Agafonow oraz mechanik Saweljew spożywają lunch na lotnisku Banjica. W tle widać samolot R.E.P. [AMB]

Unloading of the R.E.P. at the Toponica railway station just after returning from Banjica (Belgrade) airfield in January 1913.
Wyładunek samolotu R.E.P. na stacji kolejowej Toponica tuż po powrocie z lotniska Banjica (Belgrad). Styczeń 1913 roku. [AMB]

I reached my destination very quickly. The R.E.P. monoplane with the 70 horsepower engine was in a very good condition. I performed six flights the following day, five of which with Serbian officers, who were very satisfied with the trip in the air. The panorama we enjoyed during the flights was beautiful – below us the Sava and the Danube, and broad planes of Hungary. We could observe very accurately the Austrian soldiers who were

30 grudnia 1912 roku (17 stycznia według kalendarza juliańskiego) dziennikarz serbskiej „Politiki" pisał, że piloci Agafonow i Védrines odbyli szereg lotów z Banjicy na samolocie R.E.P.:

Wczoraj po południu, około godziny czwartej, lotnicy Agafonow i Védrines wylecieli z Banjicy. Operowali na zdobycznym tureckim samolocie. Agafonow leciał pierwszy i wykonał kilka

Agafonov in front of the R.E.P. at the Trupalsko polje airfield during early 1913. The planes were housed in prefabricated Bessonneau hangars, manufactured in France.
Agafonow przed samolotem R.E.P. na lotnisku Trupalsko polje. Płatowce przechowywano w składanych hangarach Bessonneau produkcji francuskiej. Początek 1913 roku. [Yugoslav Cinematheque via Dragan Šaler]

Agafonov and Saveljev in the R.E.P. cockpit before the departure for Belgrade. Trupalsko polje airfield, 2 February (20 January) 1913.
Agafonow i Saweljew w kokpicie R.E.P.-a przed odlotem do Belgradu. Lotnisko Trupalsko polje, 2 lutego (20 stycznia) 1913 roku. [AMB]

The map of the Kingdom of Serbia with the marked route and the flyby time from Niš to Belgrade. Dates are given according to the Julian calendar.
Mapa Królestwa Serbii z zaznaczonymi trasami i czasami przelotów z Niszu do Belgradu. Daty podano według kalendarza juliańskiego. [Dragan Šaler]

camping next to the Sava. I performed flights over Belgrade and its surroundings every day. My contract expires on December 15th (Gregorian calendar – a.c.), and that is the reason why I soon have to fly from Belgrade to Niš, in order to bring the machine to the Aviation centre, where Commander Miletić organizes 'the fifth arm of service'..."

On 30 December 1912 (17 December 1912 – by Julian calendar), a journalist from Serbian "Politika" also reported that the pilots Agafonov and Védrines performed several flights from Banjica using the R.E.P. airplane:

"At four o'clock yesterday afternoon, the Russian aviator Agafonov and the French aviator Védrines flew from Banjica. They were operating the Turkish airplane which was captured. Agafonov flew first and he made several nice flights over Banjica, and then he rose over Belgrade over which he made a circle and he landed to Banjica. After that, Védrines flew and also made a nice circle over Banjica. These flights were attended by a considerable number of officers and citizens."

According to the newspaper report, the aviators flew over Belgrade as well as the border rivers of Sava and Danube. Some Serbian officers were also flying with them as companions.

It is obvious that these flights were not only aimed at testing of the airplane and promoting the Royal Serbian aviation, but they were also the opportunity to observe the border areas of the Austro-Hungarian territory. Flights like these were repeated in the days that followed, whenever the weather conditions allowed it.

In the second half of January 1913, the airplane was returned to Trupalsko polje, "The Aviation Station" as the

ładnych przelotów nad Banjicą, po czym wzleciał nad Belgrad, wykonał jedno okrążenie i wrócił do Banjicy. Następnie wystartował Védrines, który również wykonał okrąg nad Banjicą. Loty były obserwowane przez znaczną liczbę oficerów i cywilów.

Według doniesień gazety piloci latali nad Belgradem i granicznymi rzekami Sawą i Dunajem. Niektórzy serbscy oficerowie brali udział w tych lotach jako pasażerowie.

Jest oczywiste, że loty te nie miały na celu wyłącznie przetestowanie samolotu i promowanie Królewskich Sił Powietrznych Serbii. Były świetnym pretekstem do obserwacji granic terytorium Austro-Węgier. Loty powtarzano w kolejnych dniach, gdy tylko pozwalały na to warunki atmosferyczne.

W drugiej połowie stycznia 1913 roku samolot wrócił na lotnisko w Trupalsko polje. Stacja Lotnicza – jak nazywali ją dziennikarze – była miejscem, gdzie w trakcie rozejmu serbscy piloci doskonalili swoje umiejętności lotnicze, ucząc się od doświadczonych francuskich kolegów. Na początku lutego lotnisko odwiedził słynny francuski pilot Jules Védrines (brat Emila Védrinesa), którego rząd serbski poprosił o przeprowadzenie specjalnej inspekcji Dowództwa Sił Powietrznych Serbii. W czasie wizyty odbył kilka lotów nad Niszem.

29 stycznia (16 stycznia) pewien dziennik ogłosił, że dwa samoloty serbskiego lotnictwa odbędą lot z Niszu:

[...] wzdłuż doliny Morawy do Smedereva, skąd udadzą się do Belgradu, gdzie dotrą po południu. Siły rezerwistów zostały ostrzeżone, by nie strzelać do nadlatujących samolotów.

Lot mieli wykonać rosyjscy lotnicy Aleksandr Agafonow i Iwan Kirstein. Ten drugi zrezygnował jednak z lotu ze względu na chorobę, a jego miejsce zajął mechanik Władimir Saweljew, który poleciał z Agafonowem jako pasażer.

An unknown observer, in addition to the partially disassembled R.E.P. which force landed near Požarevac during the flight from Niš to Belgrade.
Nieznany mężczyzna stoi obok częściowo rozebranego samolotu R.E.P., który lądował przymusowo w okolicach Požarevca w czasie przelotu z Niszu do Belgradu.
[Dragan Šaler]

Repair of R.E.P. which was damaged during the forced landing on terrain near Požarevac.
Naprawa samolotu R.E.P, który uległ uszkodzeniu podczas przymusowego lądowania w przygodnym terenie w okolicach Požarevca. [Dragan Šaler]

journalists called it. This was the place where the Serbian pilots, during the truce, perfected their flying skills with constant teaching by experienced French colleagues. At the beginning of February, the airfield was visited by the famous French aviator Jules Védrines, Emile Védrines's brother, who was asked by the Serbian Government to carry out a special inspection of the Serbian Aviation Command. He performed several flights over Niš during his visit to the airfield.

On 29 January (16 January) certain daily newspapers announced that the two airplanes from the Serbian Aviation would perform a flight from Niš:

"... *along the Morava valley to Smederevo, and from there to Belgrade where they will arrive in the afternoon. The al-*

Biorąc pod uwagę fakt, że Agafonow brał w poprzednich latach udział w ogólnorosyjskich rajdach lotniczych na trasie z Sankt Petersburga do Moskwy, ten znacznie krótszy przelot nie powinien być dla tak doświadczonego lotnika żadnym wyzwaniem. Na całej trasie znajdowały się wyraźne i dobrze widoczne punkty orientacyjne. Planowo miał wystartować z lotniska niedaleko Niszu, po czym skierować się na północny zachód, wzdłuż koryta rzeki Južna Morava, przelecieć nad jej dopływem w Stalaciu, a następnie kontynuować lot na północ, biorąc kurs na Veliką Moravę, aż do jej ujścia do Dunaju niedaleko Požarevca. Stąd miał skręcić na zachód wzdłuż Dunaju, przelecieć nad Smedervem, dolecieć do Belgradu i wylądować na lotnisku Danjica. Trasa miała wynieść

Curious observers around R.E.P. which capsized during the landing near the "Všetečka" Factory at Topčider hill in Belgrade.
Ciekawscy gapie otaczają samolot R.E.P., który skapotował po lądowaniu niedaleko fabryki Všetečka na wzgórzu Topčider w Belgradzie. [AMB]

tention was drawn to the reserve troops not to shoot at these airplane".

The flight was supposed to be performed by the Russian aviators Aleksandar Agafonov and Ivan Kirstein (Иван Кирштайн). Since Kirstein gave up from the flight due to illness, Agafonov went to fly the R.E.P. with his mechanic Vladimir Saveljev (Владимир Савельев) as a crew member.

Considering the fact that he had participated in All-Russian aviation competition in cross-country flight from St. Petersburg (Санкт Петербург) to Moscow (Москва) the previous year, this, significantly shorter flight, should not present a great challenge to this experienced pilot. He could use clear and visible reference points throughout the entire route. It was planned for him to take off from the airfield near Niš in the direction of the NW, along the river bed of Južna Morava, to fly over its confluence at Stalać, and then to continue to the north along the course of the Velika Morava until its confluence with Danube near Požarevac. From there, he would turn west along the Danube river bed, fly over Smederevo, fly to Belgrade and land to the Banjica airfield. The distance of this planned flight was about 210km, which the R.E.P airplane with two crewmembers could fly over in two and a half to three hours.

Unfortunately, the flight did not go at all as planned. The airplane with the crew Agafonov- Saveljev took off from the Trupalsko polje airfield in the morning hours of 2 February (20 January):

"... *the only thing known was that Agafonov went from Niš at 10:15hrs and that he arrived to Ćuprija at 13:05hrs ... then one orderly came rushing from the phone. He brought the good news that Agafonov arrived to Lapovo at 14:30hrs. It took them an hour and a half to travel from Ćuprija to Lapovo – so they were slower than a train..."*

It is obvious that Agafonov encountered a great problem shortly after the take off. In the winter period, the valleys of large rivers are often shrouded in dense fog, so the orientation from the air is significantly difficult.

That was the reason why the flying time from Niš to Ćuprija, at the distance of 80 kilometers, lasted almost three hours instead of one.

210 km, którą R.E.P. obciążony dwoma lotnikami mógł pokonać w około 2,5–3 godziny.

Niestety lot nie poszedł zgodnie z planem. Samolot z załogą Agafonow, Saweljew wystartował z lotniska Trupalsko polje rankiem 2 lutego/20 stycznia:

[...] *pewne było jedynie to, że Agafonow wyruszył z Niszu o 10.15 i dotarł do Ćupriji o 13.05 [...]. Wtedy od telefonu nadbiegł ordynans, który przekazał dobrą wiadomość, że Agafonow wylądował w Lapovo o 14.30. Pokonanie odcinka z Ćupriji do Lapovo zajęło im półtorej godziny, byli więc wolniejsi od pociągu...*

Agafonow napotkał duże problemy tuż po starcie. W okresie zimowym doliny rzek często pokrywają się gęstą warstwą mgły, co znacznie utrudnia nawigację z powietrza. Z tego też powodu pokonanie dystansu 80 kilometrów z Niszu do Ćupriji zajęło im niemal trzy godziny, zamiast jednej.

Lecąc nad Ćuprija, Agafonow wykonał nieplanowane lądowanie, prawdopodobnie ze względu na mgłę. Posadził maszynę w przygodnym terenie nieopodal miejscowości Velika Morava leżącej między Lapovo i Svilajnacem. Było to cztery godziny i piętnaście minut po starcie z Niszu. W tym samym czasie publiczność w Banjica cierpliwie oczekiwała na przylot lotników:

[...] *choć zapadał już zmrok, nadal nie było żadnych informacji na temat Agafonowa... Nadeszła noc, a w Banjicy wciąż nie powitano gości z Niszu* [...].

Agafonow przerwał lot i wznowił go nazajutrz. O 14.40 następnego dnia wystartował ponownie. Pilot zdecydował się jednak zmienić trasę. Zamiast lecieć dalej na północ wzdłuż doliny Velikej Moravy, skierował samolot na północny zachód, podążając wzdłuż linii kolejowej z Velikej Plany do Belgradu. Skracało to dystans o około 15–20 km. Niestety tym razem również nie zdołali dotrzeć do stolicy, prawdopodobnie znowu z powodu gęstej mgły. Wykonali nieplanowane lądowanie niedaleko miejscowości Rajla, gdzie pozostali przez resztę dnia i noc.

Niewiadomą pozostaje, dlaczego Agafonow i Saweljew nie kontynuowali lotu wzdłuż linii kolejowej po wystartowaniu kolejnego dnia, lecz wrócili na oryginalnie wyznaczoną trasę wzdłuż doliny Velikej Moravy. Lecieli na zachód

**It is obvious that the specific construction of a landing gear well depreciated impact on landing, so that the plane suffered minimal damage.
Zdjęcie ewidentnie wskazuje, że odpowiednia konstrukcja podwozia w znacznym stopniu zniwelowała siłę uderzenia, dzięki czemu samolot doznał jedynie niewielkich uszkodzeń. [NLSA]**

Emergency landing on Topčider hill has attracted great attention. The attendees had an unusual privilege to see the plane closely.
Awaryjne lądowanie na wzgórzu Topčider przykuło uwagę wielu miejscowych, którzy mieli niezwykły przywilej obejrzenia samolotu z bliska. [AMB]

Having flown over Ćuprija, probably due to the thick fog, Agafonov made an unplanned landing on the ground next to the Velika Morava between Lapovo and Svilajnac four hours and fifteen minutes after taking off from Niš. At that time, the audience in Banjica was persistently waiting the aviators:

"... however, the evening has already begun to fall, and there was no mention of Agafonov... It was late night, but Banjica did not welcome the passengers from Niš..."

The flight was not continued until tomorrow afternoon at 14:40hrs. Agafonov decided to change the route and not to fly to the north along the Velika Morava valley, but to the NW direction, from Velika Plana to Belgrade. That was the way to shorten the route for 15 to 20 kilometers, and the railway line would serve for orientation. Regrettably, they did not manage to come to Belgrade. Probably due to the thick fog again, they had to make an unplanned landing near Ralja, where they remained until the end of the day and spent the night there.

It remained unclear why Agafonov and Saveljev did not continue the flight along the railway after taking off the next day, 4 February (22 January), but they returned to the originally planned route along the valley of Velika Morava. They flew to the east and after 50 kilometers they flew over Velika Morava. Due to the increased wind and fog, they were forced to land near Požarevac at about 14:00hrs. During the landing on the bumpy ground, the landing gear was damaged, and it was not repaired until the following day. They took off from Požarevac at about 10:30hrs, flew upstream over Danube river bed, flew over Smederevo, and arrived over Belgrade at about 12:00hrs.

According to the newspaper report, the airplane made a circle over Belgrade and headed towards Banjica. During the landing, the engine stopped working due to the lack of

i po pokonaniu 50 km przelecieli nad wspomnianą rzeką. Ze względu na wzmagający się wiatr i mgłę około godziny 14.00 zostali zmuszeni do lądowania niedaleko Požarevca. W trakcie przyziemienia na wyboistym gruncie uszkodzeniu uległo podwozie samolotu, które naprawiono dopiero nazajutrz. Wystartowali z Požarevca około godziny 10.30, po czym skierowali się w górę Dunaju, przelecieli nad Smederevem i dotarli do Belgradu około 12.00. Był 4 lutego/22 stycznia.

Według dziennikarskiej relacji samolot wykonał okrąg nad Belgradem i poleciał do Banjicy. W trakcie podejścia do lądowania silnik samolotu przestał pracować ze względu na brak paliwa. Pilot wykonał przymusowe lądowanie niedaleko fabryki Všetečka w Topčiderze. Nierówny i podmokły teren, a także duża prędkość podejścia spowodowały, że płoza podwozia zaryła się w miękką ziemię, powodując kapotaż. Na szczęście załoga nie odniosła większych obrażeń, niemniej samolot był poważnie uszkodzony. Płatowiec rozmontowano i przetransportowano do hangaru w Banjicy, zaś silnik Gnome przewieziono do hotelu „Paris" w Belgradzie, w którym kwaterowali obaj rosyjscy lotnicy.

W trakcie kilku kolejnych dni silnik został rozmontowany i oczyszczony. Podczas jego ponownej instalacji, w wyniku niedbalstwa, doszło do eksplozji oparów paliwa, ale obeszło się bez poważniejszych konsekwencji. Naprawiono również płatowiec, a dziennik „Politika" opublikował następującą notatkę zaledwie tydzień po wypadku (11 lutego/29 stycznia):

Lot nad Belgradem. Dziś w południe, jeśli pozwolą na to warunki atmosferyczne, rosyjski lotnik Pan Agafonow przeleci nad Belgradem samolotem, którym przyleciał z Niszu. Samolot odniósł uszkodzenia podczas lądowania kilka dni temu, ale jest już w pełni naprawiony.

Aleksandar Deroko, Strahinja Bane Nušić, Agafonov and Saveljev in the company of unknown observers in front of the capsized R.E.P. The state of the top of the skis and the left wheel of the landing gear indicates the strength of the impact during forced landing.
Aleksandar Deroko, Strahinja Bane Nušić, Agafonow i Saweljew w towarzystwie nieznanych gapiów stoją przed samolotem R.E.P., którym skapotowali podczas lądowania w trudnym terenie. Stan płozy oraz lewego koła świadczą o sile uderzenia w podmokły grunt. [AMB]

fuel, so they made an emergency landing near the Všetečki Factory in Topčider. Due to the uneven and sodden ground, as well as a high landing speed, the landing gear skis dug into the soft soil and the airplane rolled over. Luckily, the crew did not suffer major injuries, but the airplane was severely damaged. It was disassembled and transferred to a hangar at Banjica, while its Gnome engine was transferred to the "Paris" hotel in Belgrade where the Russian aviators were situated.

In the next few days, the engine was disassembled and cleaned. During installation, due to negligence, there was an explosion of fuel vapour but without major consequences. The airplane construction was also repaired, and "Politika" published the following news, only a week after the accident, on 11 February (29 January):

"Flying over Belgrade. Today at noon, if the weather allowed, the Russian aviator Mr. Agafonov would fly over Belgrade in an airplane, which he flew from Niš to Belgrade. The airplane, which was damaged during the landing a few days ago, is completely repaired."

The Russian aviator did not fly over Belgrade that day. It is not known whether it was due to the bad weather conditions or for some other reason, but two days later the

Rosyjski pilot nie przeleciał jednak tego dnia nad Belgradem. Nie wiadomo, czy było to spowodowane złą pogodą, czy innymi przyczynami. Niemniej Ministerstwo Sił Zbrojnych Królestwa Serbii nie było zadowolone z pracy Agafonowa i dwa dni później zrezygnowało z angażowania go do kolejnych zadań. Samolot R.E.P. wrócił na lotnisko w Niszu, gdzie latali na nim serbscy i francuscy lotnicy.

Koniec rozejmu i wznowienie działań wojennych przeciwko Imperium Osmańskiemu nastąpiło w styczniu 1913 roku. Na prośbę króla Czarnogóry Mikołaja I Petrowicia serbski rząd zdecydował się przesłać pewną pomoc militarną swoim sąsiadom. Serbowie wsparli również oblężenie Skadaru. Do działań natychmiast zaangażowano nadmorski oddział Sił Zbrojnych Królestwa Serbii, który stacjonował na terytorium Albanii. Pod koniec lutego 1913 roku podjęto decyzję o wysłaniu dodatkowych posiłków. Na początku marca do Skadaru dotarł oddział lotniczy składający się z personelu, wyposażenia i czterech samolotów należących do Dowództwa Sił Powietrznych Serbii. W związku z tym na sterach kierunku i skrzydłach samolotów namalowano trójkolorowe serbskie flagi.

Samolot R.E.P. nie brał udział w wojnach bałkańskich. Płatowiec rozmontowano, a silnik zabezpieczono i przechowy-

Deroko Brothers, Aleksandar and Jovica in the company of aviator Agafonov and mechanic Saveljev on the terrace of the hotel "Paris" in Belgrade.
Bracia Aleksandar i Jovica Derokowie w towarzystwie pilota Agafonowa i mechanika Saweljewa na tarasie hotelu „Paris" w Belgradzie. [AMB]

Ministry of the Army of the Kingdom of Serbia cancelled further engagement of Agafonov, dissatisfied with his work. The R.E.P. airplane was returned to the Niš airfield, where the Serbian and French aviators continued to perform daily training flights.

The end of the truce and renewal of the warfare against the Ottoman Empire started on January 1913. At the request of the Montenegrin King Nikola I Petrović, the Serbian Government decided to send some military aid to their allies, and help in the siege of Skadar (Shkodër). They immediately engaged the Kingdom of Serbia Army Coastal Detachment which was already stationed on the territory of Albania. In late February 1913, the decision was made to send the additional reinforcements. In early March, one aviation unit, consisting of four Serbian Aviation Command airplanes with the necessary equipment and staff, was sent to Skadar. On that

wano w hangarze lotniska na obrzeżach lotniska Medoševac nieopodal Niszu. Zdemontowany samolot stał tam miesiącami. Mechanicy od czasu do czasu czyścili go, odkurzali i smarowali silnik. Stan ten trwał do początku I wojny światowej.

Inaczej niż w przypadku innych samolotów Sił Powietrznych Serbii R.E.P. nie był wykorzystywany aż do połowy 1915 roku. Pod koniec maja tego roku porucznik pilot Vojislav Novićić zgłosił się na własną odpowiedzialność do odbycia lotu na samolocie R.E.P, który nie latał od prawie dwóch i pół lat. Samolot przetransportowano z Niszu do Požarevca, gdzie stacjonowało Dowództwo Sił Powietrznych Serbii.

Novićić nie miał żadnego doświadczenia w lataniu tym typem samolotu, w związku z czym musiał odbyć kilka lotów próbnych, by poznać możliwości maszyny. Pierwszy udany lot na samolocie R.E.P. odbył 14 maja/1 maja, wznosząc się na wysokość 100 m.

Airplane R.E.P. on the departure from the Trupalsko polje airfield at the beginning of 1913.
Samolot R.E.P. przed odlotem z lotniska Trupalsko polje na początku 1913 roku. [NLSA]

Static tests of the R.E.P. airplane construction were carried out at the Pelterie factory in Boulogne-Billancourt near Paris.
Testy statyczne samolotów R.E.P. przeprowadzano w fabryce Pelteriego w Boulogne-Billancourt niedaleko Paryża. [B.N.F.]

The construction of the airplane was loaded up to the fracture, and tests have shown that the airplane is able to withstand a much higher load than needed.
Konstrukcję obciążano aż do momentu jej zniszczenia. Próby wykazały, że płatowiec mógł znieść znacznie większe obciążenie, niż było to potrzebne. [B.N.F.]

R.E.P. factory advertisements...
Broszura reklamowa fabryki R.E.P.

occasion, national markings in the form of Serbian tricolor flag were painted on the rudders and lower wing surfaces.

The R.E.P. airplane did not participate in the Balkan Wars. It was disassembled; its engine was conserved and placed with other airplanes in the hangar near Medoševac airfield, near city of Niš. The airplane were disassembled there for months, and the mechanics occasionally removed dust from them, cleaned and lubricated the engines. That situation lasted until the beginning of the Great War.

Unlike other airplanes of the Serbian Aviation Command, the R.E.P. was not used until the mid-1915. At the end of May the same year, the pilot Lieutenant Vojislav Novičić requested, to his personal responsibility, to be approved to fly the R.E.P. monoplane, which was not used for almost two and a half years. The airplane was transferred from Niš to the Požarevac airfield, where the Serbian Aviation Command was stationed.

Novičić did not have any experience with this type of airplane, so he was supposed to carry out several test flights in order to get familiar with its capabilities. He performed the first successful flight on the R.E.P. airplane on 14 May (1 May), and he flew at the altitude of 100m on that occasion.

He had a total of five training flights until 9 July (26 June). Since he was not satisfied with his flying skills with R.E.P. airplane, at the end of the following month, Novičić suggested that it should be disassembled and returned to Niš again.

In the autumn of 1915, during the Mackensen offensive against Serbia and the retreat of the Serbian Army, the re-

Łącznie do 9 lipca/26 czerwca odbył pięć lotów treningowych. Ponieważ nie był zadowolony ze swoich umiejętności w pilotowaniu R.E.P.-a, pod koniec miesiąca Novičić zasugerował, by ponownie rozmontować płatowiec i odesłać go z powrotem do Niszu.

Jesienią 1915 roku, w czasie ofensywy Mackensena przeciwko Serbii i odwrotu serbskiej armii, samoloty pozostałe w Centrum Lotnictwa w Niszu zostały przekierowane na nowe miejsce stacjonowania – lotnisko Košijsko polje niedaleko Kruševaca. Ze względu na szybki postęp wrogich wojsk na początku listopada armia serbska została zmuszona zniszczyć wszystkie posiadane samoloty, surowce lotnicze i paliwo, aby nie wpadły w ręce wroga. W ramach tych działań spalono również samolot R.E.P.

R.E.P. typ F – opis techniczny

R.E.P. typ F był jednosilnikowym, dwumiejscowym jednopłatem o konstrukcji mieszanej. Był wykorzystywany przede wszystkim jako samolot zwiadowczy. Napędzał go siedmiocylindrowy rotacyjny silnik Gnome Lambda o mocy 80 KM (59 kW) przy 1400 obrotach na minutę. Silnik ważył 87 kg, spalał 35 litrów paliwa i 7,5 litra oleju na godzinę. Paliwo było dostarczane ze zbiorników metodą grawitacyjną, z możliwością zwiększenia jego przepływu za pomocą ręcznej pompy. Zbiornik był podzielony na dwie części – jedna na paliwo, druga na olej. Często stosowano jednak dwa osobne zbiorniki. Do smarowania silnika wykorzystywano olej firmy

maining airplanes from the Niš Aviation Centre were transferred to the new location at Košijsko polje, near Kruševac. Due to the rapid enemy formations advance, at the beginning of November, the Serbian Army was forced to destroy all of the airplanes, aviation materials and fuel, so that they would not fall in the hands of the enemy. On that occasion, the R.E.P. airplane was burnt as well.

R.E.P. type F – Technical description

R.E.P. type F airplane was a single engine two-seater monoplane of mixed construction. It was primarily used in reconaissance role. It was powered by seven – cylinder rotative Gnome Lambda engine which developed 80*HP* (59*kW*) at 1,400*rpm*. The engine weighed 87*kg* and it consumed average of 35*l/h of* fuel and 7,5*l/h* of oil. Fuel was gravity fed from the tank with ocassional use of hand pump to increase fuel pressure. The tank was split in two sections, one was for fuel and the other one for oil. Instead of one tank, an option for two was often used. "Castor" oil was used for lubrication. Engine operation was controlled with a mixture lever which adjusted fuel supply to the carburetor and was controlled by reading the tachometer installed in the cockpit.

Fuselage was 6,7*m* long and consisted of metal frame construction with thin wall steel pipes which were welded together and braced with steel wires and tensioners. Fuselage was constructed in such a way to use as few tensioners as possible.

The front section of the fuselage was of pentagonal cross section and its frame was attached with four bolts to the engine mount which was constructed from formed steel plate. Fuel and oil tank were also attached to the engine mount. Below the tank, landing gear support attached to the reinforced frame. Cockpit with two seats, controls, as well as other equipment were located behind the tank. Wooden seats had safety belts which was rare for that time period. The aft fuselage cross section was triangular with flat upper surface. Welded supports on the ends were used for the installation of horizontal and vertical tail surfaces as well as struts.

At the cockpit level, the horizontal longerons attached to the fuselage frame included the linkages which conencted to the wings. Linkages were specially constructed and hinged to the fuselage strucutre. This avoided large loads at the joint between the wings and the fuselage at the wing root. This construction also enabled quick and simple installation and dissasembly.

The front of the fuselage until just after the cockpit was lined with aerodynamically shaped aluminium skin. The aluminum skin was attached to the body in a way which permitted easy dissasembly and installaltion which simplified work for the mechanics during the controls and repairs. The aft part of the fuselage was covered with impregnated fabric.

Wing had a span of 10,97*m* and was trapezoid in shape with oval trailing edge. Its construction consisted of two I beam spars, ribs, stringers, leading and trailing edge. It was entierly made from wood. The ribs divided the wing into 16 sections. Each fourth rib was strenghtened with internal interconnected tensioners. At the root of the struts, metal links enabled the connection with the links at the fuselage.

Along each spar at approximately equal distance, there were three steel plate supports used to connect the upper

"Castor". Pracę jednostki napędowej można było regulować dźwignią mieszanki, dzięki której możliwa była kontrola dopływu paliwa do gaźnika. Obroty wskazywał obrotomierz znajdujący się w kokpicie.

Długość kadłuba wynosiła 6,7 m. Konstrukcję nośną stanowiła metalowa kratownica pospawana z cienkich stalowych rurek, usztywniona stalowymi naciągami. Kadłub skonstruowano tak, by zmniejszyć liczbę naciągów do minimum.

Przednia część kadłuba miała przekrój pięciokątny. Rama była przykręcona do łoża silnika za pomocą czterech śrub. Łoże zbudowano z arkusza formowanej blachy. Zbiornik paliwa i oleju montowano do łoża. Poniżej zbiornika znajdowały się okucia podwozia montowane do wzmocnionej w tym miejscu kratownicy. W kokpicie umieszczono dwa fotele, sterownice i inne wyposażenie zlokalizowane za zbiornikiem paliwa. Drewniane fotele posiadały pasy bezpieczeństwa, które stanowiły rzadkość w tamtym okresie. Tylna część kadłuba miała przekrój trójkątny z płaską powierzchnią górną. Na końcu kadłuba mocowano statecznik poziomy oraz podtrzymujące go wsporniki.

Na poziomie kokpitu znajdowały się dwa dźwigary zamocowane do kratownicy. Posiadały specjalnie zaprojektowane okucia do mocowania skrzydeł, które łączyły się również z ramą kadłuba. Pozwalało to uniknąć dużych obciążeń strukturalnych na połączeniach skrzydeł z kadłubem u ich nasady. Konstrukcja pozwalała również na szybki i łatwy demontaż skrzydeł.

Przednia część kadłuba (do końca linii kokpitu) była dopracowana aerodynamicznie. Jej poszycie stanowiła blacha aluminiowa. Arkusze blachy mocowano w sposób ułatwiający ich zdejmowanie i zakładanie, co znacznie ułatwiało pracę mechaników podczas napraw i przeglądów. Tylna część kadłuba była pokryta impregnowanym płótnem.

Rozpiętość skrzydeł wynosiła 10,97 m. Płat miał kształt trapezoidalny z owalną krawędzią spływu. Konstrukcja skrzydeł bazowała na dwóch dźwigarach w kształcie litery I, do których montowano żebra, podłużnice oraz krawędzie natarcia i spływu. Były w całości wykonane z drewna. Żebra dzieliły płat na 16 sekcji. Co czwarte żebro było wzmocnione połączonymi naciągami. U nasady rozpórek instalowano metalowe ogniwa, które pozwalały połączyć je z wiązaniami w kadłubie.

Wzdłuż każdego dźwigara, mniej więcej w tej samej odległości od siebie, montowano trzy wzmocnienia z płyt stalowych, do których mocowano druty i naciągi łączące się z górną częścią kadłuba i konstrukcją podwozia. Pozwalało to uzyskać odpowiednią sztywność płata. Górne i dolne powierzchnie skrzydeł były pokryte impregnowanym płótnem.

Statecznik pionowy miał kształt trójkąta i był wykonany ze stalowych rurek. Był przykręcany za pomocą śrub do spawanych wzmocnień na kratownicy kadłuba. Ster kierunku był zawieszony zawiasowo na pionowym słupku połączonym z tylną częścią statecznika pionowego. Ster miał obrys prostokątny o zaokrąglonych rogach. Słupek statecznika pionowego sięgał poza dolną część kadłuba, stanowiąc podparcie dla płozy ogonowej.

Statecznik poziomy miał kształt trapezoidalny, a jego konstrukcja i połączenie z kadłubem było takie samo jak w przypadku statecznika pionowego. Stery wysokości były zawieszone zawiasowo. Cały ogon był pokryty impregnowanym płótnem, wzmocnionym stalowymi drutami i naciągami.

Podwozie składało się z dwóch układów absorbujących wstrząsy podczas lądowania. Główny system składał się

wing with steel cables and tensioners to the upper fuselage and to the landing gear structure. This permitted the necessary wing rigidity to be achieved. The upper and lower wing surfaces were covered with impregnated fabric.

The vertical tail surface was triangular and constructed from steel pipes. It was bolted to the welded supports on the fuselage. The steep pipe constructed rudder was connected with a hinge to the aft section to the vertical tail. The rudder was rectangual with oval corners. The vertical tail support was elongated at the lower section of the fuselage.

The horizontal tail surface was trapezoidal and was constructed and connected to the fuselage identical to the vertical tail surface. The elevators were connected with hinges to it. The entire tail was covered with impregnated fabric which was strenghtened with steel wires and tensioners.

The landing gear consisted of two systems for shock absorbtion during landing. The main system had two independend wheels of which one was connected to the landing gear leg. It was also attached via an angled tubular strut to the lower longeron in the fuselage frame. This construction formed a deformable triangle which enabled the energy from the impact to transfer from the wheel to the landing gear legs. At the upper section steel liners slid along the smooth vertical pipe. These smooth pipes were welded on the top fuselage longerons serving a dual purpose, as landing gear sliders as well as the supporting structure. The liners were connected with two rubber bands which were fixed to the fuselage frame at the bottom of the fuselage. When the landing gear moved with the liner along the slider in the upward direction, the rubber band tightened and the elastic force absorbed the energy during impact at landing.

During rough landing, an auxiliary system activated. It consisted of a strong wooden ski which was specially shaped and bolted to a slanted reinforced pipe. The pipe had a spring at its bottom section and on the inside it used an oil-pneumatic shock absorber. At the top section it was welded to the fuselage frame. The spring, oil-pneumatic shock absorber and elastic wooden ski was used to absorb the impact upon landing. This system could withstand impact energy equivalent to a mass of 1,200kg. Many users of this airplane removed the auxiliary system due to its weight.

At the aft section of the fuselage below the tail surfaces was a wooden strut which was partically lined with sheet metal on the top. At the front it was elastically conencted to the pipe from the lower fuselage longeron and articulated to the vertical tail support extension axle.

The commands were patented by Robert Pelterie and prartically remain unchanged to this day. They consisted of control column and foot pedals.

The control column was attached to the support which was attached to the fuselage construction below the cockpit floor. The control column was attached via a kinematic mechanism to the angle lever attached to the end of the horziontal landing gear support below the fuselage. The angle lever was attached with three cables on each side to the sheet metal supports at the aft spar on the lower wing surface. The aft spars were interconnected with three cables from the upper surface across the vertical steel support. This support was installed behind the pilot cockpit and served as an elastic tensioner. Moving the control column left and right across the longitudinal pipe and the mechanism causes the rotation of the angular lever which tensioned or relaxed

dwóch niezależnych kół, z których każde posiadało własną goleń. Konstrukcja podwozia łączyła się za pomocą wygiętego cylindrycznego wspornika z dolną podłużnicą kratownicy kadłuba. Konstrukcja tworzyła odkształcalny trójkąt, który przekazywał energię uderzenia z kół do goleni. W górnej części stalowe wkładki ślizgały się po gładkich pionowych rurkach, przyspawanych do podłużnicy kratownicy kadłuba. Miały one podwójne znacznie: po pierwsze wzmacniały konstrukcję, a po drugie wspomagały amortyzację podwozia. Wkładki były połączone dwoma gumowymi opaskami, które montowano do kratownicy w dolnej części kadłuba. Gdy podwozie wraz ze stalowymi wkładkami przesuwało się ku górze, gumowe opaski zaciskały się, absorbując siłę uderzenia w trakcie lądowania.

W przypadku twardych lądowań podwozie wspomagał pomocniczy system amortyzujący. Składał się on z mocnej, odpowiednio uformowanej drewnianej płozy, która była przyśrubowana do pochylonej wzmocnionej rurki. Rurka posiadała w dolnej części sprężynę absorbującą, zaś wewnątrz znajdował się amortyzator olejowo-pneumatyczny. Elastyczna drewniana płoza przejmowała siłę uderzenia w trakcie lądowania. Konstrukcja mogła wytrzymać siłę równą masie 1200 kg. Wielu użytkowników tych samolotów usuwało płozę wraz z jej wyposażeniem ze względu na dużą wagę.

W tylnej części kadłuba poniżej ogona znajdowała się drewniana płoza, częściowo obita arkuszem blachy na górnej powierzchni. W przedniej części płoza była elastycznie złączona z podłużnicą kratownicy kadłuba i przegubowo połączona z pionowym słupkiem statecznika pionowego, specjalnie w tym celu wydłużonym poza obrys kadłuba.

Third Aviation Exhibition, December 1911 at Champs-Élysée, Paris.
Trzecia Wystawa Lotnicza w paryskim Champs-Élysée, grudzień 1911 roku.

26   Famous Airplanes/Słynne Samoloty

the cables. Cables caused the aft spars to flex which leads to intermittent warping of the wing trailing edges. This created torque during flight which enabled controlling the airplane along its longitudinal axis.

The control colum was attached by cables to the elevators on the horizontal tail surface. Cables were attached above and below the column support. Its movement forward and backward resulted in the rotation of elevators up and down which enabled changing the airplane altitude.

The foot pedals were constructed from pipes and were articulated with the fuselage construction below the cockpit floor. They were attached with cables to the rudder on the vertical tail surfaces. Movement of the foot pedals was transferred with cables to the rudder which resulted in its articulation to the left or right. This enabled the airplane to change direction.

Dependng on the user request, this airplane type usually had dual controls which enabled it to be used for pilot training as well.

It is important to metnion that first ever static strenght tests conducted on any airplane construction were applied on this type on 12 December 1912. Sand bags were placed on the upper wing surfaces to simulate loading during flight until the structure failed. Testing proved that the wing structure has a safety factor of 12,5 without visible deformation. Such high safety factor was usual for monoplanes from this time period considerign that the wings were strengthened with over dimensioned tensioners made from steel piano wire.

The conclusion is that the R.E.P. type F airplane had very advanced construction, far ahead of its time. It had excellent performance, strong construction, it was comfortable to fly, was safe, reliable and simple to maintain.

Sterownice zostały opatentowane przez Roberta Pelteriego i pozostały niezmienione praktycznie do dziś. Składały się z drążka sterowego i orczyka.

Drążek sterowy była oparty na wspornikach, które łączyły się z kratownicą poniżej podłogi kokpitu. Był połączony mechanizmem kinetycznym z dźwignią umożliwiającą przechył samolotu, zamocowaną do tylnego krańca poziomej rury wzmacniającej podwozie umieszczonej pod kadłubem. Dźwignia była połączona z obu stron trzema drutami z blaszanymi okuciami znajdującymi się pod skrzydłami, na spodzie tylnego dźwigara. Dźwigary były ponadto usztywnione trzema drutami biegnącymi od wzmocnień na górnej powierzchni skrzydeł do pionowego, stalowego słupka zamontowanego za kabiną pilotów. Wychylenie drążka sterowego w lewo lub prawo powodowało obrót kątowej dźwigni, która napinała bądź rozluźniała zamocowane do niej cięgna. Te napinały powierzchnię skrzydła w rejonie tylnego dźwigara, co prowadziło do tymczasowego zaburzenia geometrii na krawędziach spływu. To z kolei generowało moment obrotowy w trakcie lotu, pozwalając na kontrolowanie położenia samolotu względem osi podłużnej.

Kolumna sterowa była połączona za pomocą cięgien do sterów wysokości zamocowanych do statecznika poziomego. Cięgna biegły nad i pod podstawą drążka. Jego wychylenie do przodu lub do tyłu powodowało przechylenie sterów do góry lub do dołu, dzięki czemu możliwe było kontrolowanie wysokości lotu.

Orczyk był skonstruowany z rurek i był przegubowo połączony z kratownicą kadłuba poniżej podłogi kabiny. Łączył się cięgnami ze sterem kierunku zawieszonym na stateczniku pionowym. Ruch pedałów był przekazywany cięgnami do steru, który odchylał się w lewo lub prawo. Pozwalało to na kontrolowanie obrotu samolotu w osi pionowej.

W zależności od wymagań użytkownika samolot mógł mieć zdwojone przyrządy sterowe, co pozwalało na wykorzystywanie płatowca również do celów szkoleniowych.

Warto wspomnieć, że pierwsze statyczne próby wytrzymałościowe, jakie kiedykolwiek przeprowadzono na konstrukcjach lotniczych, odbyły się po raz pierwszy w trakcie budowy omawianego samolotu. Było to 12 grudnia 1912 roku. Na skrzydle umieszczono worki z piaskiem, które symulowały obciążenie konstrukcji podczas lotu. Płat obciążano do momentu jego zniszczenia. Testy udowodniły, że współczynnik bezpieczeństwa, bez widocznych odkształceń, wynosi 12,5. Tak wysoki wynik był typowy dla jednopłatów z tego okresu, biorąc pod uwagę, że skrzydła były wzmacniane wyjątkowo mocnymi naciągami wykonanymi z drutu fortepianowego.

Reasumując, R.E.P. typ F był bardzo zaawansowanym samolotem, znacznie wyprzedzającym swoje czasy. Posiadał znakomite osiągi, mocną konstrukcję i był przyjemny w pilotażu. Był ponadto bezpieczny, niezawodny i łatwy w obsłudze.

Bibliography

L. Opducke – French aeroplanes before the great war, Schiffer Military History, Atglen, 1999

R. de Gaston – Les Aéroplanes de 1912, Librarie Aéronautique, Paris, 1912

C. van Steenderen – Mijlpalen, Het Hollandsche uitgevershuis, Amsterdam, 1947

G. Hartmann – Les aéroplanes et moteurs R.E.P., Hydroretro, Paris, 2015

С. Микић – Историја Југословенског ваздухопловства, штампарија Драг. Грегорића, Београд, 1933

K. Kiticsán – Einge der neueren Flugzeuge fürmilitärische Zwecke, Tehnischen Militarkomitee, Wien, 1912

Група аутора – Српска авијатика 1912 – 1918, M J B, Београд, 1993

Б. Циглић – Крила Србије, Инфинитас, Београд, 2009

Д. Милорадовић, Н. Ђокић, Ј. Николић, Д. Шалер – Српска ваздухопловна команда у Пожаревцу, 1915. године, Историјски архив Пожаревац, 2005

Н. Ђокић, Р. Радовановић – Српска ваздухопловна команда 1912-1913, Браничево кроз војну и културну историју Србије, зборник радова, свеска 1 и 2 Историјски архив Пожаревац, 2005

Daily papers and Magazines
Политика, Београд 1912, 1913
Новости, Београд 1912, 1913
Flight, London 1909, 1910, 1911, 1912
Flugsport, Frankfurt a.M. 1911, 1912
Aircraft, New York 1911, 1912
L' Aérophile, Paris 1910, 1911, 1912
Vie au grand air, Paris 1913

Bibliografia

L. Opducke, *French aeroplanes before the great war*, Schiffer Military History, Atglen 1999.

R. de Gaston, *Les Aéroplanes de 1912*, Librarie Aéronautique, Paryż 1912.

C. van Steenderen, *Mijlpalen*, Het Hollandsche uitgevershuis, Amsterdam 1947.

G. Hartmann, *Les aéroplanes et moteurs R.E.P.*, Hydroretro, Paryż 2015.

С. Микић, *Историја Југословенског ваздухопловства*, штампарија Драг. Грегорића, Belgrad 1933.

K. Kiticsán, *Einge der neueren Flugzeuge fürmilitärische Zwecke*, Tehnischen Militarkomitee, Wiedeń 1912.

Група аутора, *Српска авијатика 1912–1918*, M J B, Belgrad 1993.

Б. Циглић, *Крила Србије*, Инфинитас, Belgrad 2009.

Д. Милорадовић, Н. Ђокић, Ј. Николић, Д. Шалер, *Српска ваздухопловна команда у Пожаревцу, 1915 године*, Историјски архив Пожаревац, 2005.

Н. Ђокић, Р. Радовановић, *Српска ваздухопловна команда 1912–1913*, Браничево кроз војну и културну историју Србије, зборник радова, свеска 1 и 2 Историјски архив Пожаревац, 2005

Gazety codzienne i magazyny
„Политика", Belgrad 1912, 1913.
„Новости", Belgrad 1912, 1913.
„Flight", Londyn 1909, 1910, 1911, 1912.
„Flugsport", Frankfurt a. M. 1911, 1912 .
„Aircraft", Nowy Jork 1911, 1912.
„L'Aérophile", Paryż 1910, 1911, 1912.
„Vie au grand air", Paryż 1913.

Specifications

General data
Designer:	Robert Esnault Pelterie
Origin:	French
Type:	Reconnaissance
Crew:	2
Production since:	1912.
Built:	-

Engine
Gnome Lambda

Engine's origin:	French
Production since:	1909.
Built:	-
Engine power:	80 *HP* (59 *kW*)
Engine speed:	1400 *rpm*
Fuel consumption:	35 *l/h*
Oil consumption:	7.5 *l/h*

Dimensions and weights
Length:	7.92 *m*
Wing span:	10.97 *m*
Wing surface:	20 *m²*
Height:	2.60 *m*
Wheel base:	1.65 *m*
Weights empty:	304 *kg*
Maximum weight:	- *kg*

Performance
Minimum speed:	- *km/h*
Maximum speed::	116 *km/h*
Service ceiling:	>3000 *m*
Rate of climb:	
up to 1000 *m*	- *min*
up to 2000 *m*	~ 40 *min*
up to 3000 *m*	- *min*
Range:	- *km*
Flight time:	- *h*

Dane techniczne

Informacje ogólne
Konstruktor:	Robert Esnault Pelterie
Kraj pochodzenia:	Francja
Typ:	zwiadowczy
Załoga:	2
Produkowany od:	1912
Zbudowano sztuk:	–

Silnik
Gnome Lambda

Kraj pochodzenia silnika:	Francja
Produkowany od:	1909
Zbudowano sztuk:	–
Moc:	80 KM (59 kW)
Obroty maksymalne:	1400 obr./min
Zużycie paliwa:	35 l/h
Zużycie oleju:	7,5 l/h

Wymiary i masy
Długość:	7,92 m
Rozpiętość skrzydeł:	10,97 m
Powierzchnia skrzydeł:	20 m²
Wysokość:	2,60 m
Rozstaw podwozia:	1,65 m
Masa własna:	304 kg
Masa maksymalna:	– kg

Osiągi
Prędkość minimalna:	– km/h
Prędkość maksymalna::	116 km/h
Pułap praktyczny:	>3000 m
Prędkość wznoszenia:	
na 1000 m	– min
na 2000 m	~ 40 min
na 3000 m	– min
Zasięg:	– km
Czas lotu:	– h

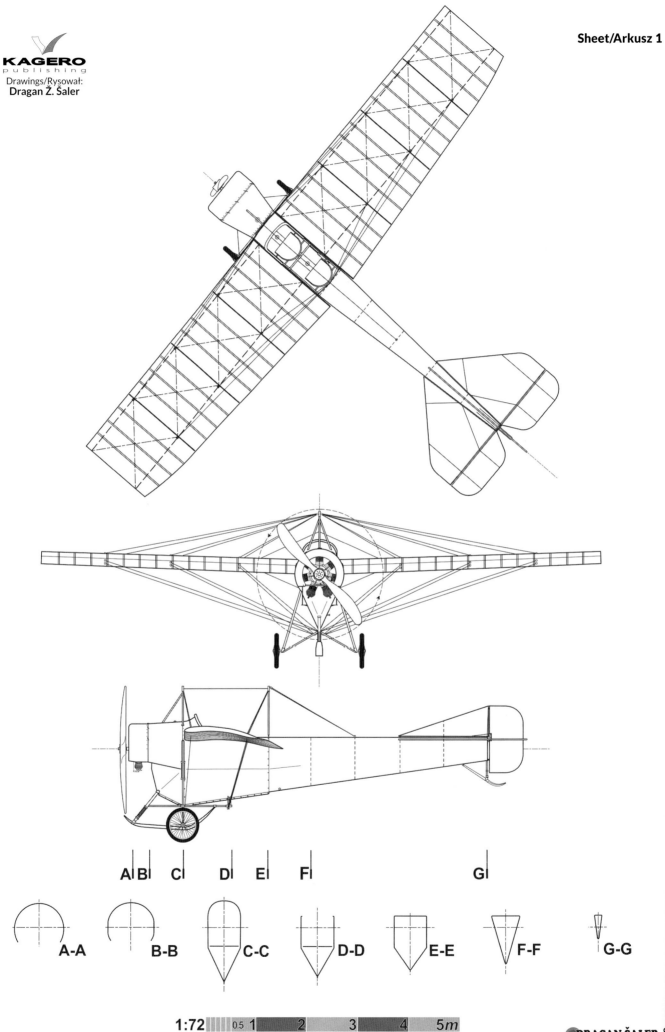

Drawings/Rysował:
Dragan Ž. Šaler

Sheet/Arkusz 2

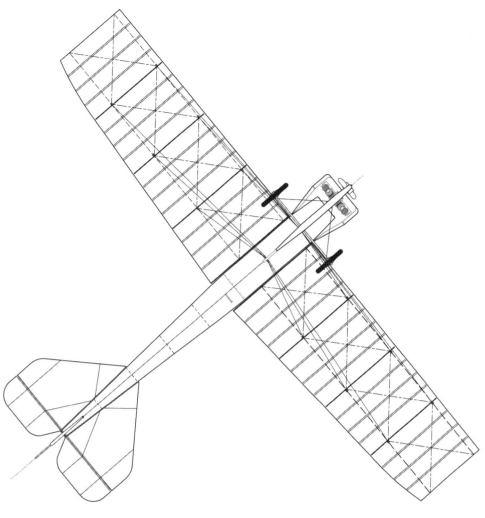

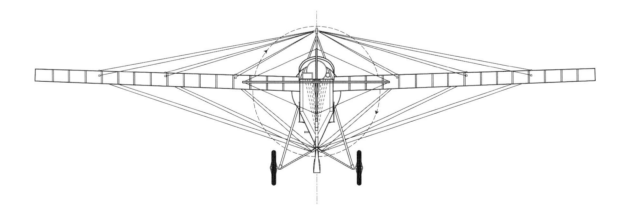

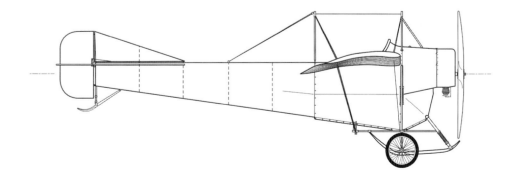

1:72 0.5 1 2 3 4 5m

DRAGAN ŠALER
schaler@ptt.rs © 2019

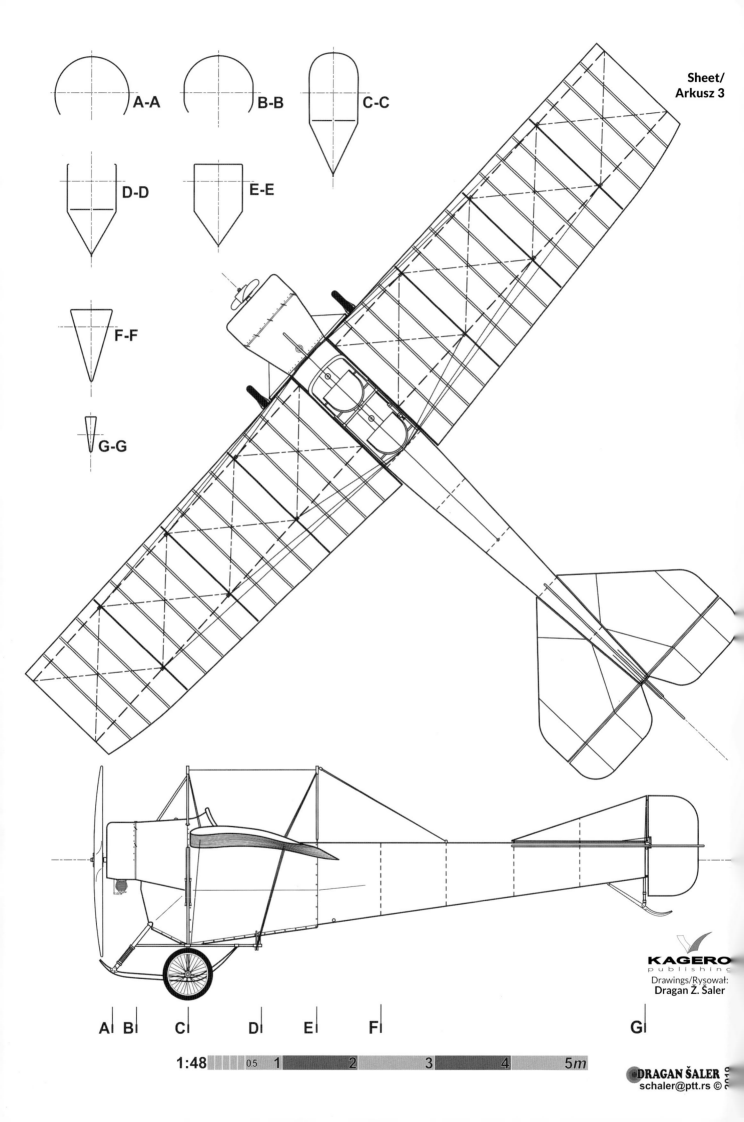

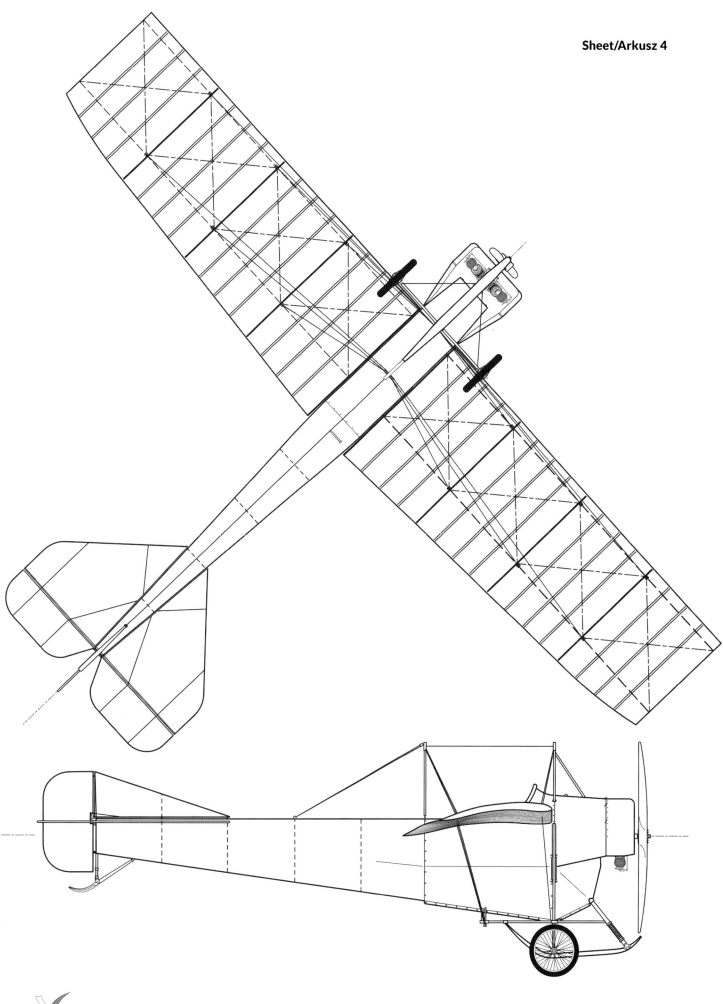

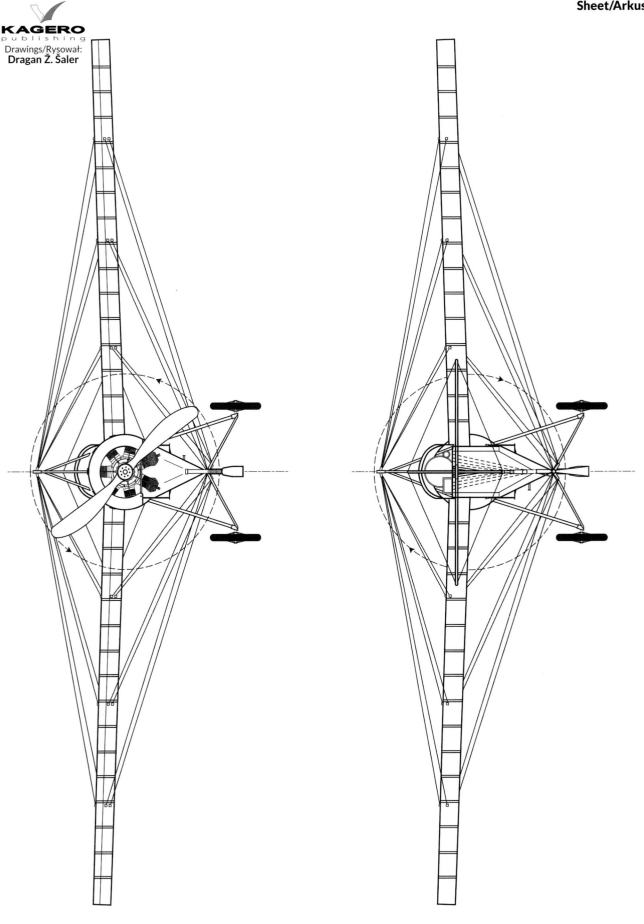

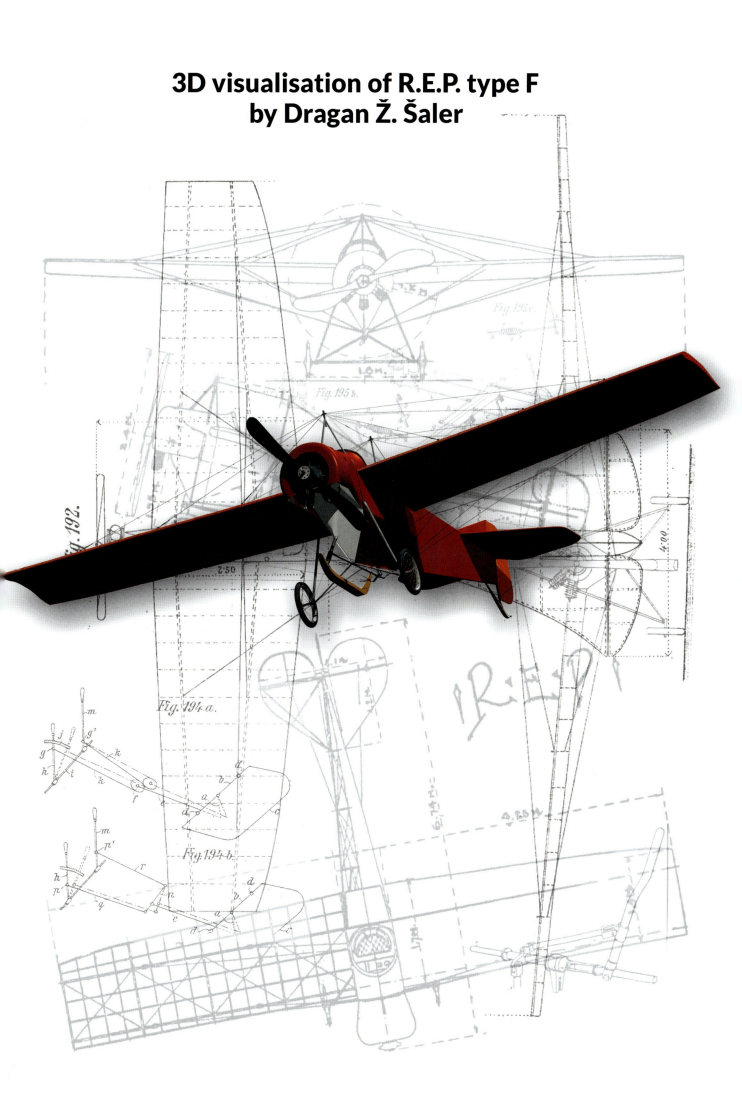
3D visualisation of R.E.P. type F by Dragan Ž. Šaler

Gnome Lambda

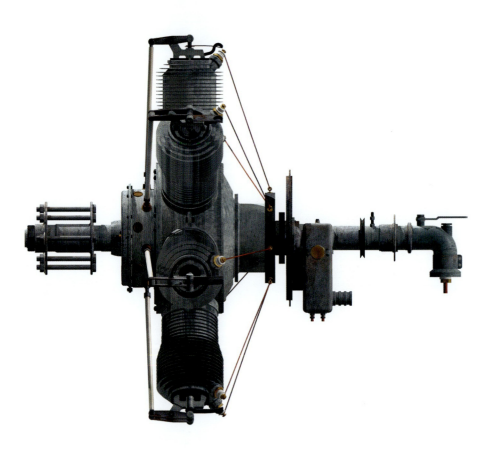

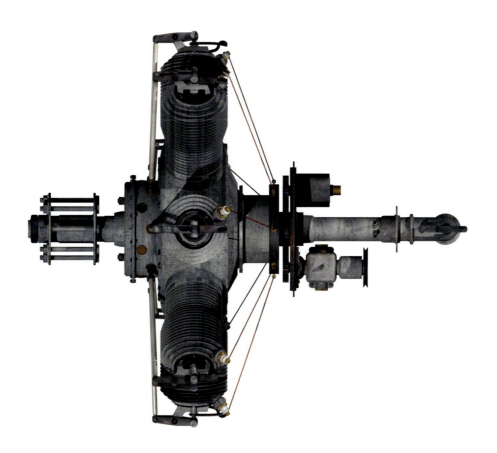

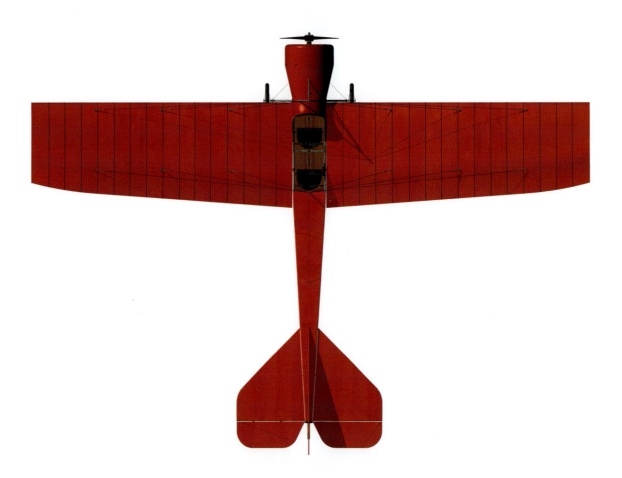
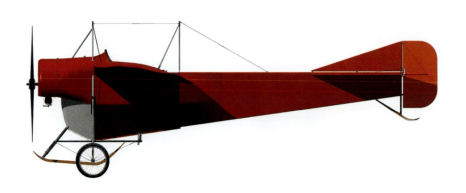

DRAGAN ŠALER
schaler@ptt.rs © 2018

1:72　0.5　1　2　3　4　5m

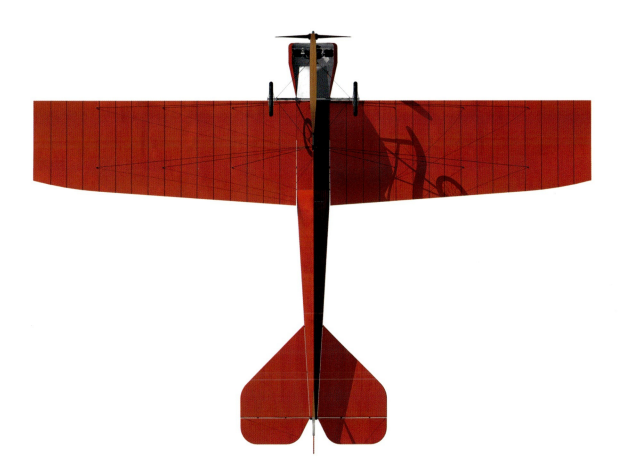

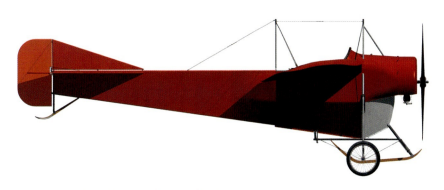

1:72   0.5 1   2   3   4   5m

Dragan ŠALER
schaler@ptt.rs © 2018

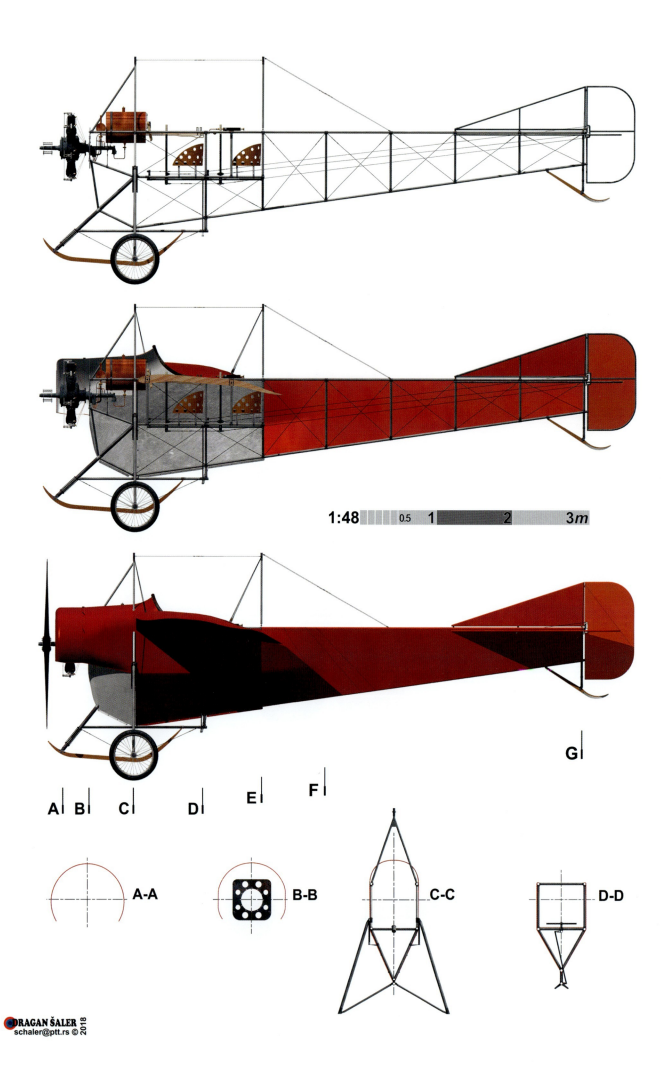

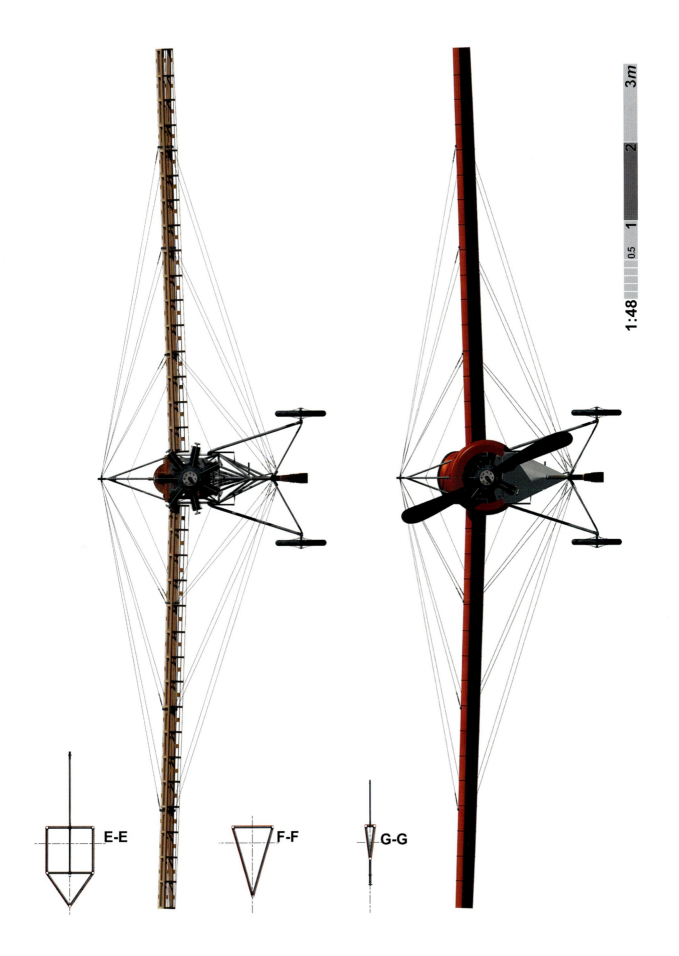

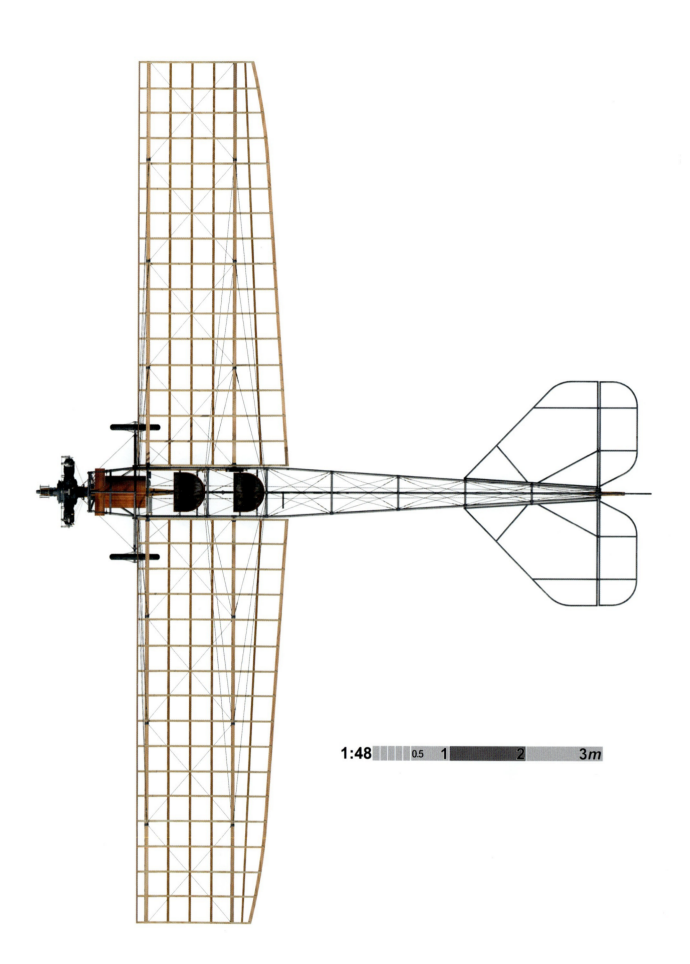

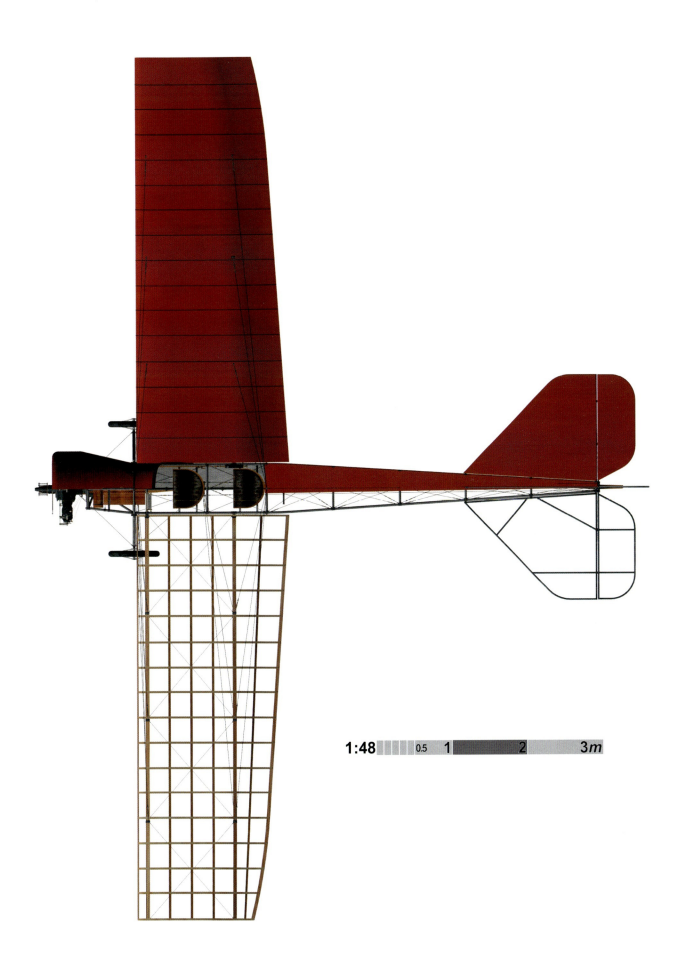

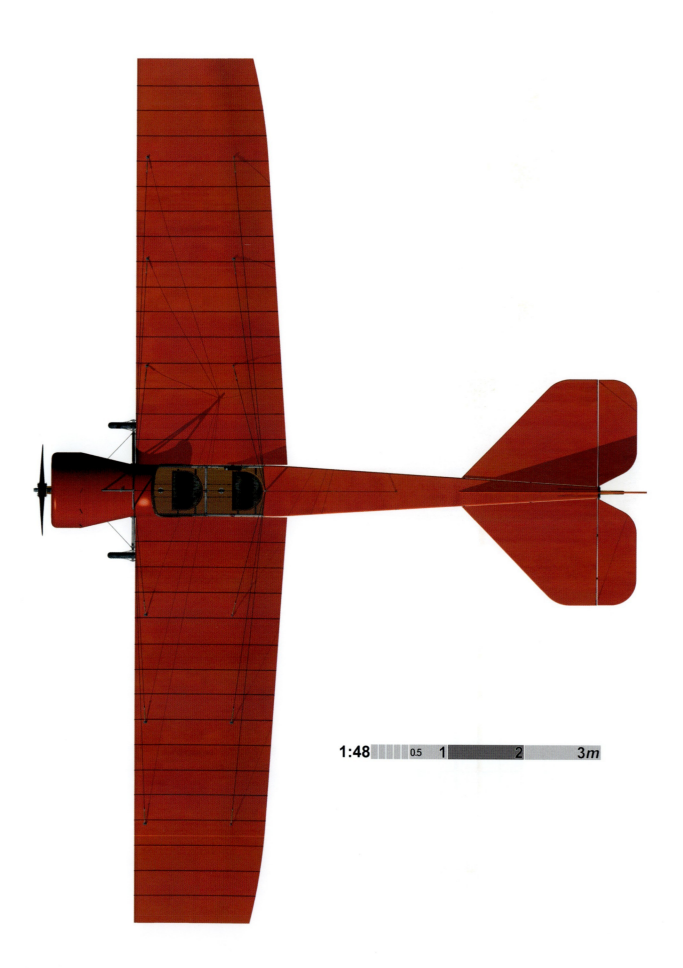

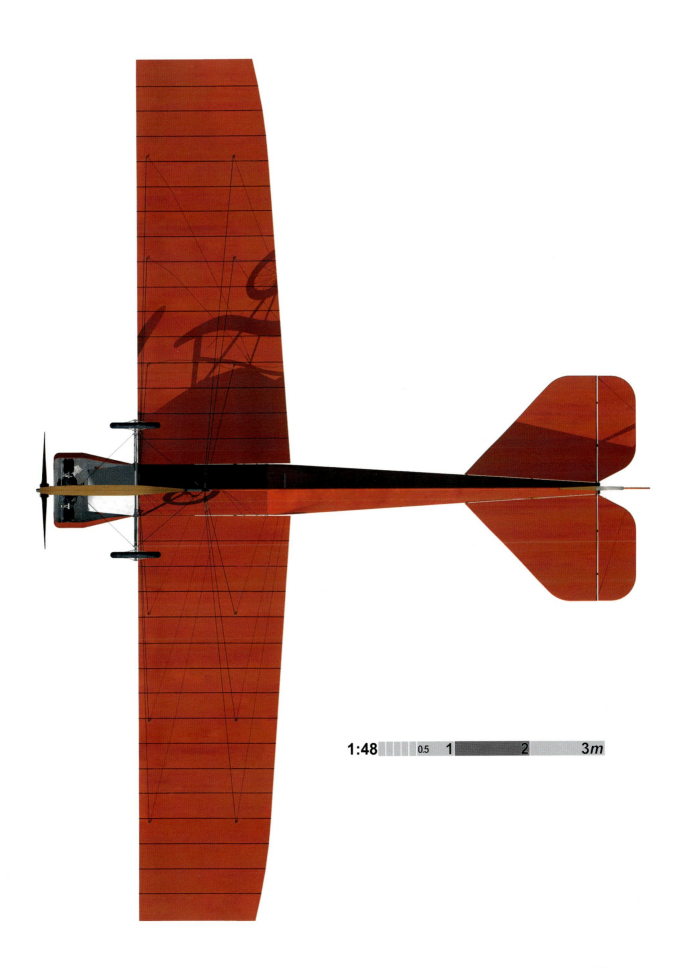

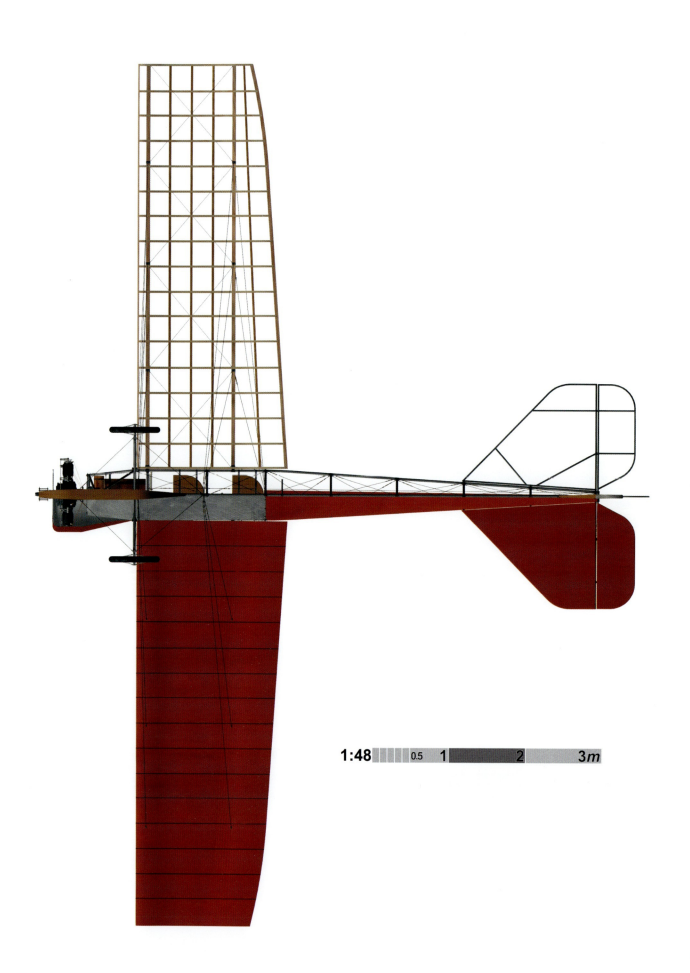

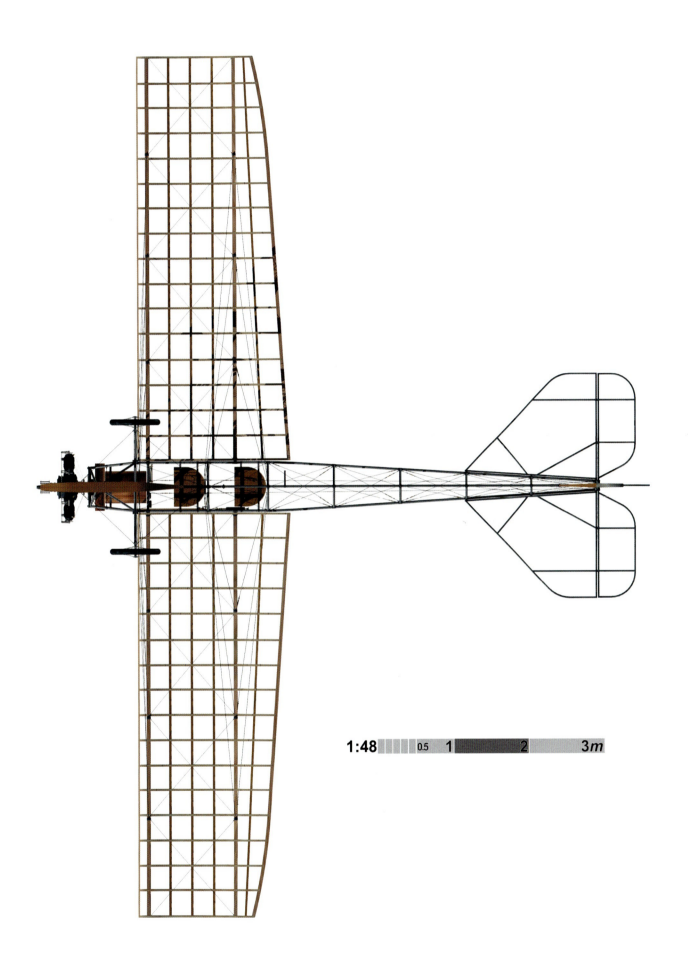

R.E.P. type F with sheathing partly taken off.
R.E.P. typ F z częściowo zdjętym poszyciem.

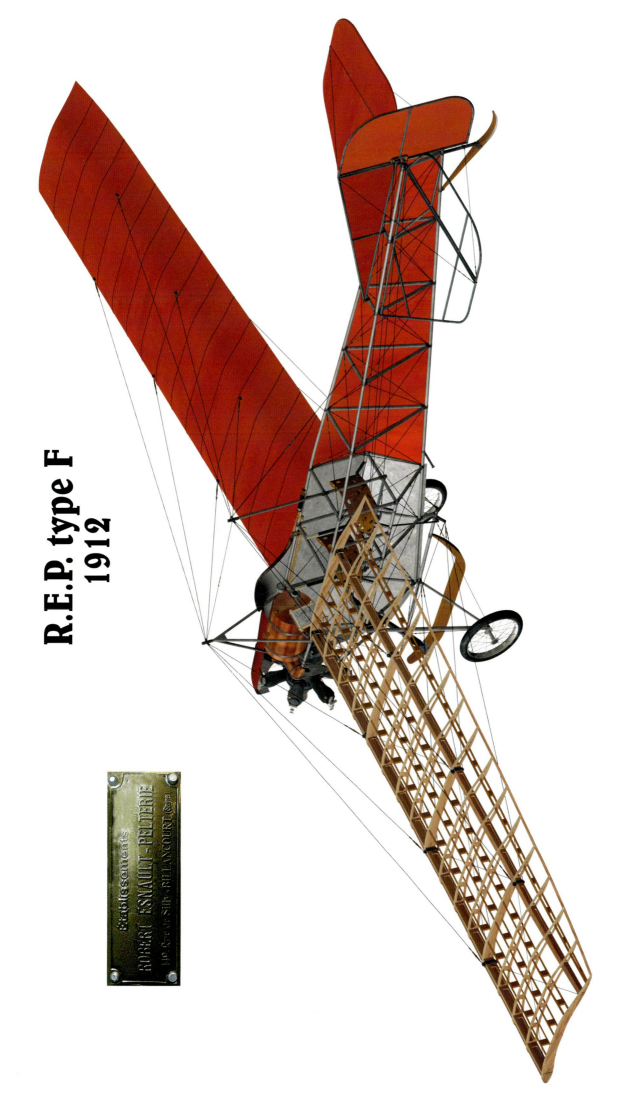

Internal structure of R.E.P. type F airplane
Konstrukcja wewnętrzna samolotu R.E.P. typ F.

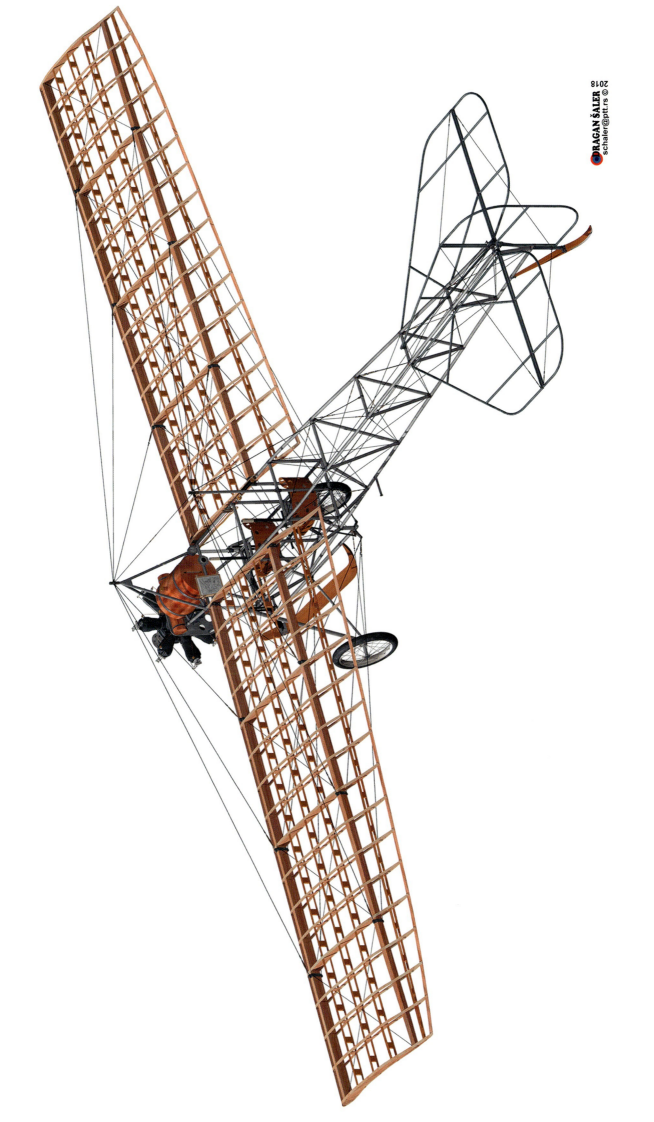

R.E.P. type F in colours of Royal Serbian Aviation Command.
R.E.P. typ F Dowództwa Królewskich Sił Powietrznych Serbii.

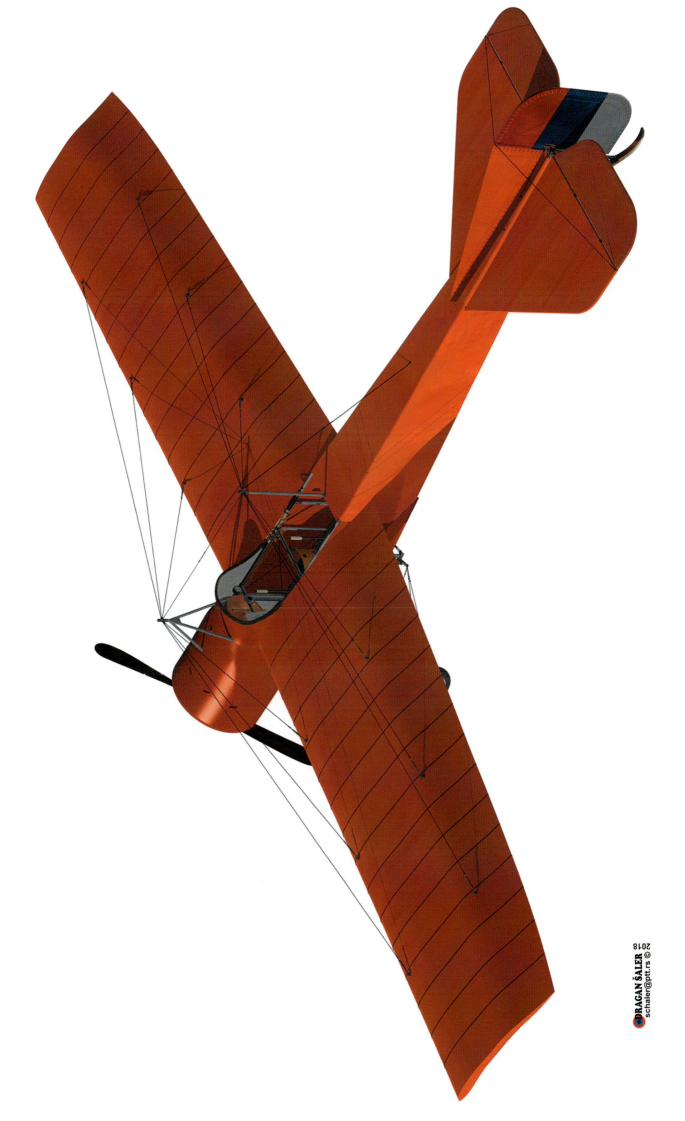

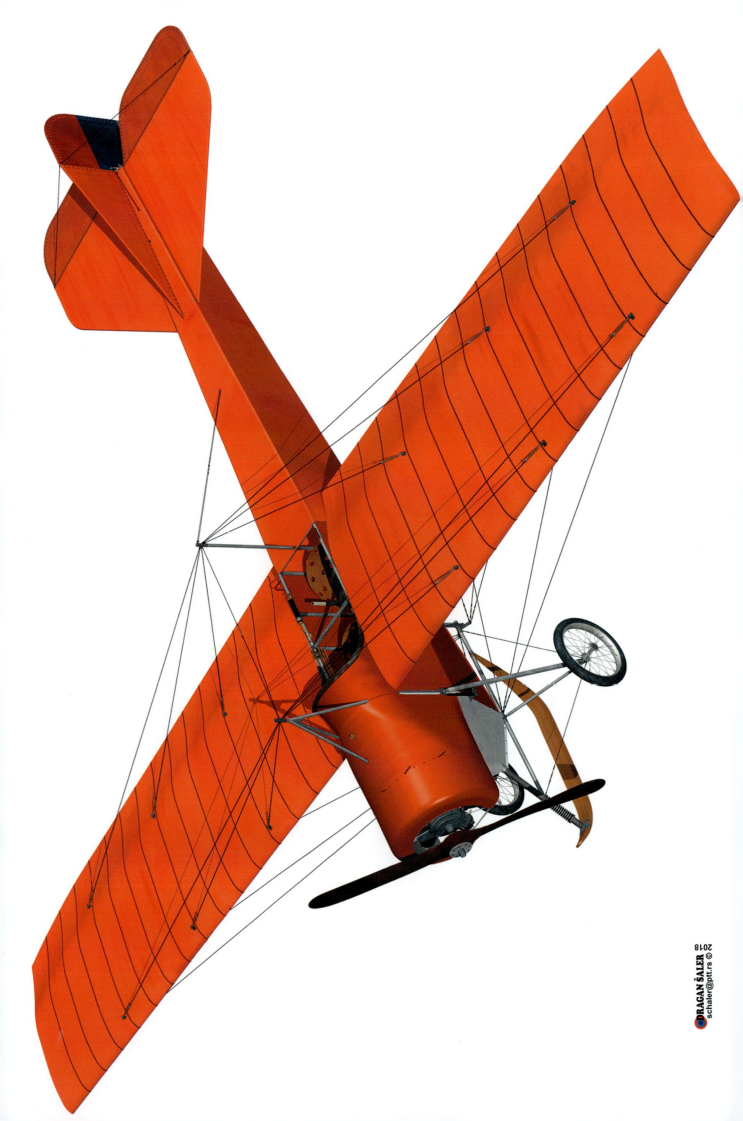

Engine with fuel installation.
Silnik wraz z instalacją paliwową.

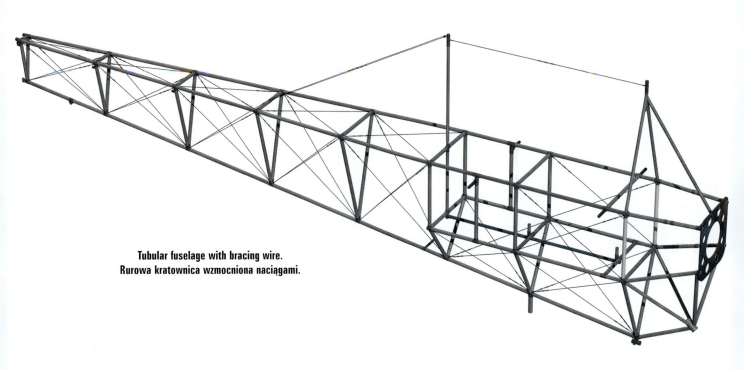

Tubular fuselage with bracing wire.
Rurowa kratownica wzmocniona naciągami.

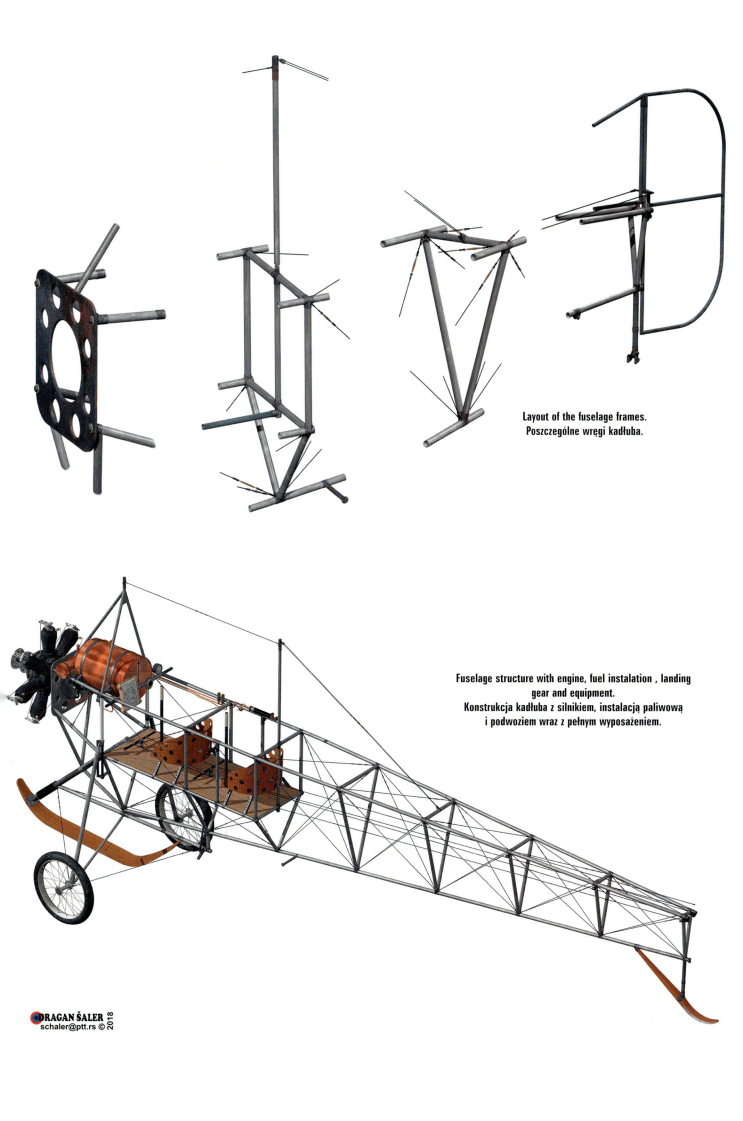

Layout of the fuselage frames.
Poszczególne wręgi kadłuba.

Fuselage structure with engine, fuel instalation, landing gear and equipment.
Konstrukcja kadłuba z silnikiem, instalacją paliwową i podwoziem wraz z pełnym wyposażeniem.

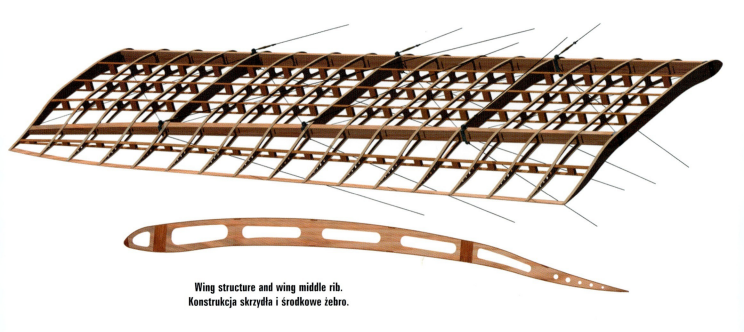

Wing structure and wing middle rib.
Konstrukcja skrzydła i środkowe żebro.

Fuselage and wing attach fitting.
Połączenie skrzydła i kadłuba.

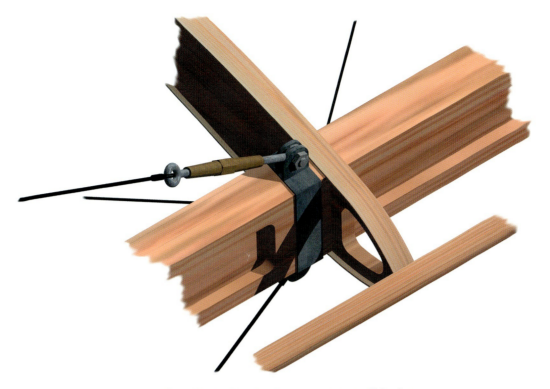

View of the leading edge, front spar and sheet still bracket.
Widok na krawędź natarcia, przedni dźwigar i jego stalowe okucie.

Vertical fin construction and connection with fuselage.
Konstrukcja wewnętrzna statecznika pionowego wraz z mocowaniem do kadłuba.

Fuselage connection with horizontal and vertical stabilizer.
Węzeł okuć łączących statecznik pionowy i stateczniki poziome z kadłubem.

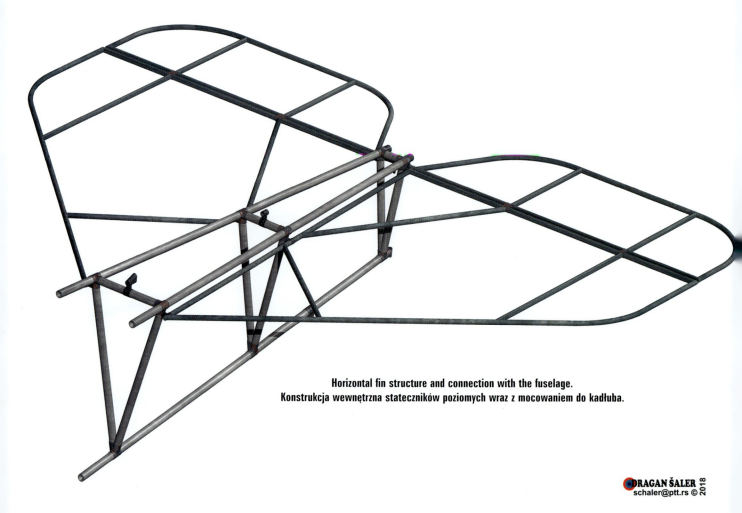

Horizontal fin structure and connection with the fuselage.
Konstrukcja wewnętrzna styczników poziomych wraz z mocowaniem do kadłuba.

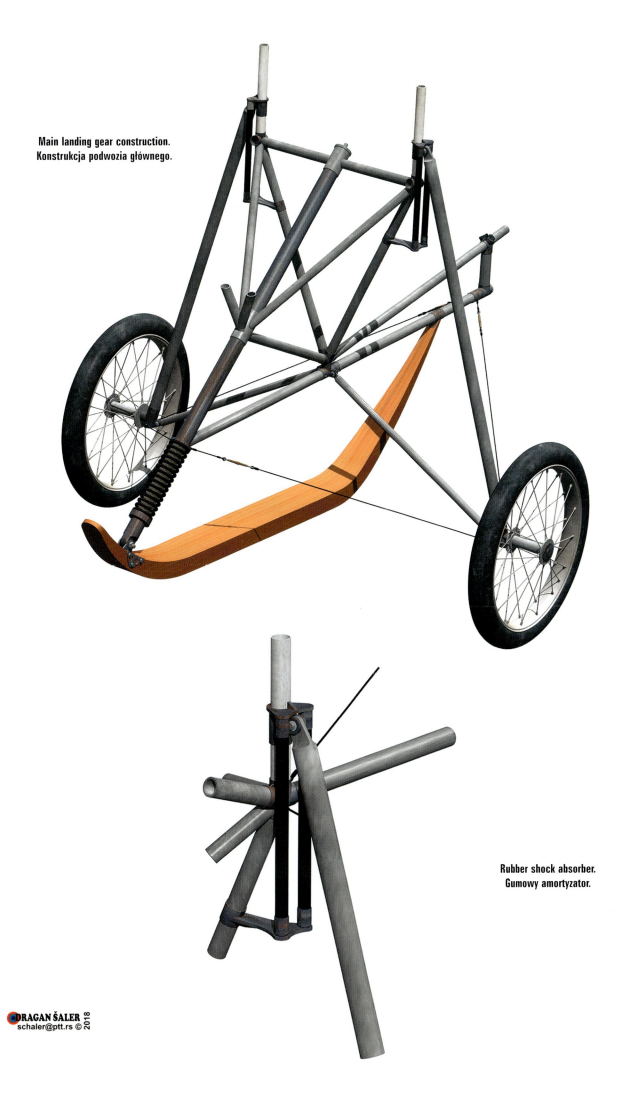

Main landing gear construction.
Konstrukcja podwozia głównego.

Rubber shock absorber.
Gumowy amortyzator.

Main landing wheel.
Koło podwozia głównego.

Connection between the tail skid and the fuselage of the airplane.
Sposób połączenia płozy ogonowej z kratownicą kadłuba.

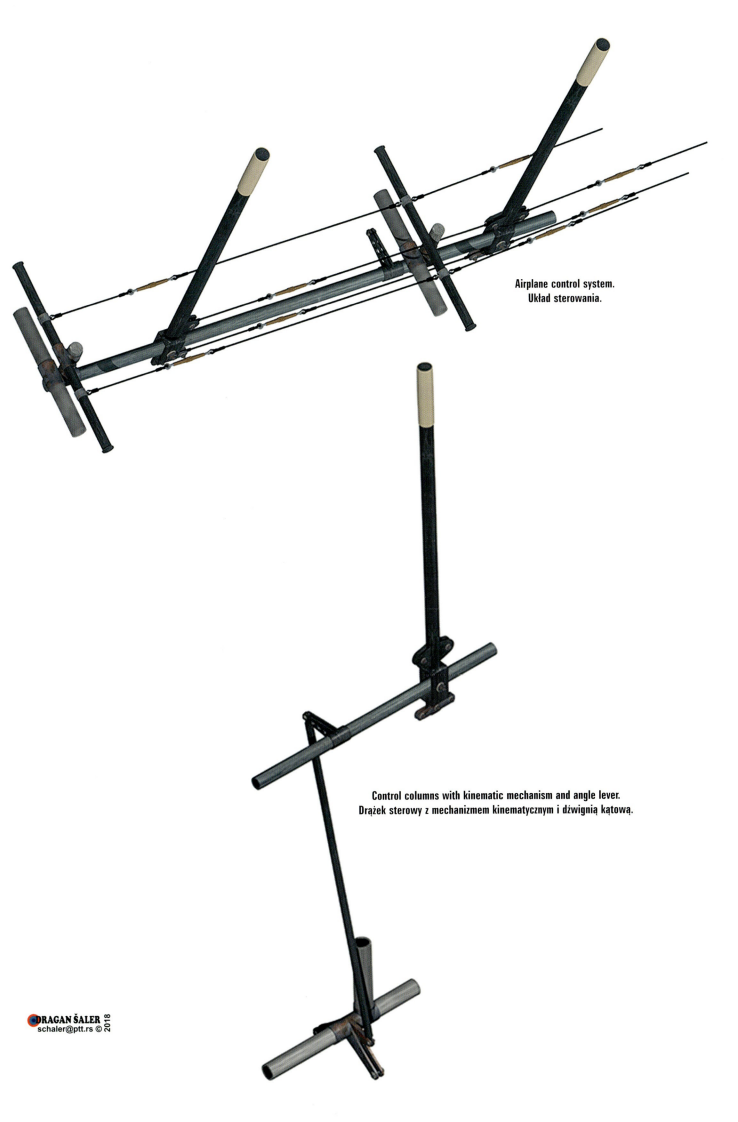

Airplane control system.
Układ sterowania.

Control columns with kinematic mechanism and angle lever.
Drążek sterowy z mechanizmem kinematycznym i dźwignią kątową.

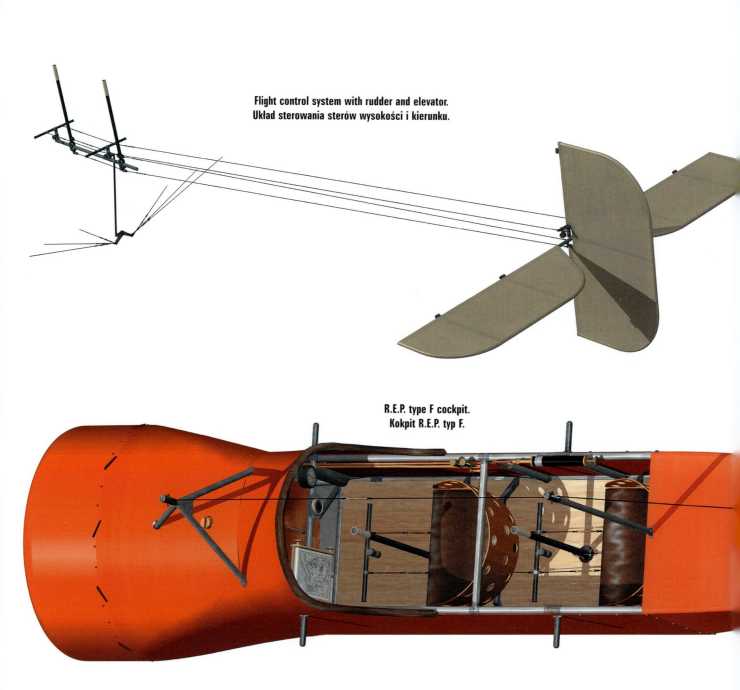

Flight control system with rudder and elevator.
Układ sterowania sterów wysokości i kierunku.

R.E.P. type F cockpit.
Kokpit R.E.P. typ F.

Pilot seat.
Fotel pilota.

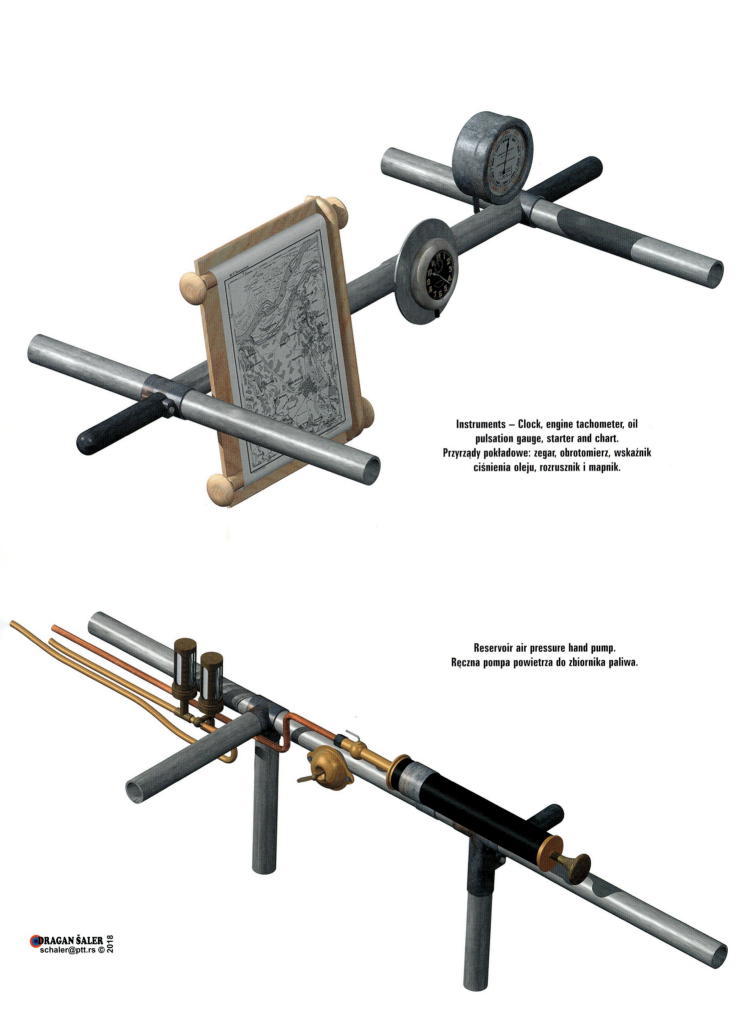

Instruments – Clock, engine tachometer, oil pulsation gauge, starter and chart.
Przyrządy pokładowe: zegar, obrotomierz, wskaźnik ciśnienia oleju, rozrusznik i mapnik.

Reservoir air pressure hand pump.
Ręczna pompa powietrza do zbiornika paliwa.

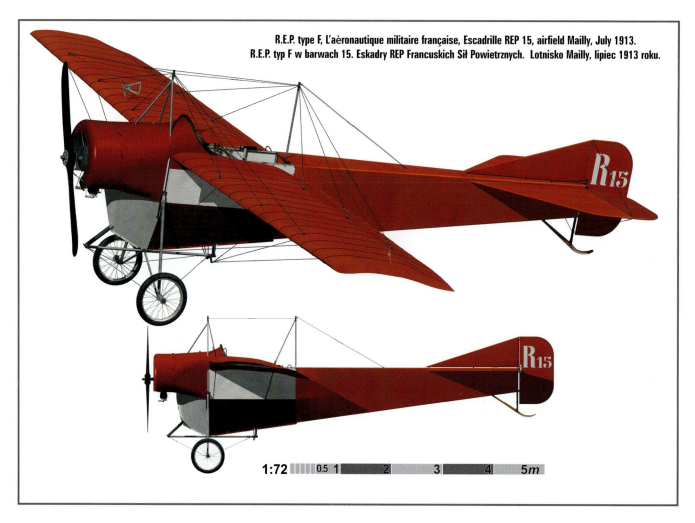

R.E.P. type F, L'aèronautique militaire française, Escadrille REP 15, airfield Mailly, July 1913.
R.E.P. typ F w barwach 15. Eskadry REP Francuskich Sił Powietrznych. Lotnisko Mailly, lipiec 1913 roku.

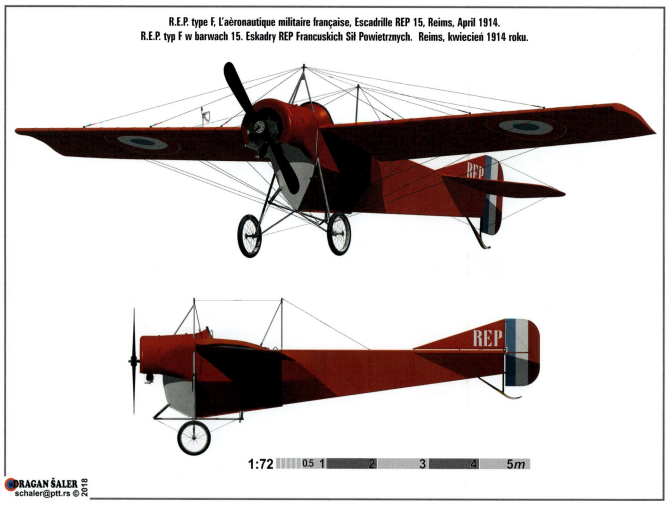

R.E.P. type F, L'aèronautique militaire française, Escadrille REP 15, Reims, April 1914.
R.E.P. typ F w barwach 15. Eskadry REP Francuskich Sił Powietrznych. Reims, kwiecień 1914 roku.

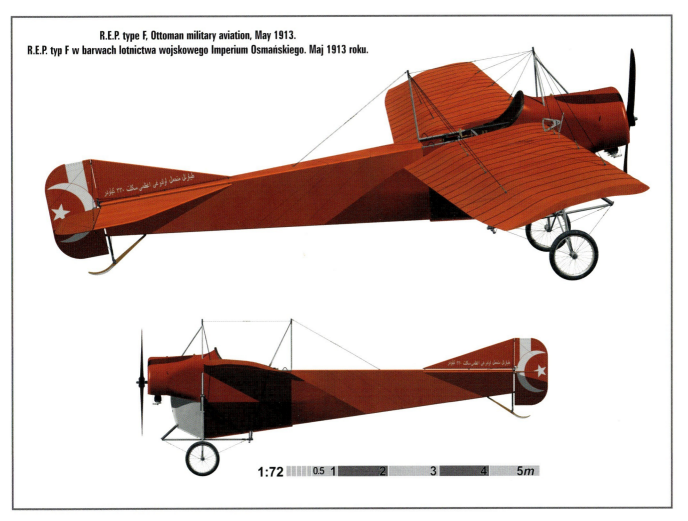

R.E.P. type F, Ottoman military aviation, May 1913.
R.E.P. typ F w barwach lotnictwa wojskowego Imperium Osmańskiego. Maj 1913 roku.

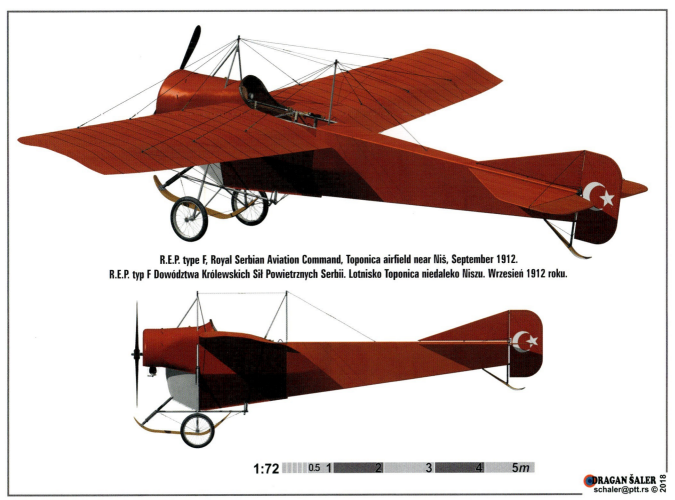

R.E.P. type F, Royal Serbian Aviation Command, Toponica airfield near Niš, September 1912.
R.E.P. typ F Dowództwa Królewskich Sił Powietrznych Serbii. Lotnisko Toponica niedaleko Niszu. Wrzesień 1912 roku.

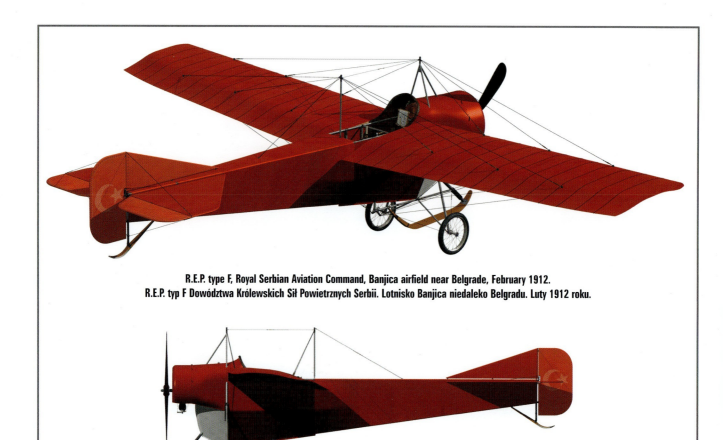

R.E.P. type F, Royal Serbian Aviation Command, Banjica airfield near Belgrade, February 1912.
R.E.P. typ F Dowództwa Królewskich Sił Powietrznych Serbii. Lotnisko Banjica niedaleko Belgradu. Luty 1912 roku.

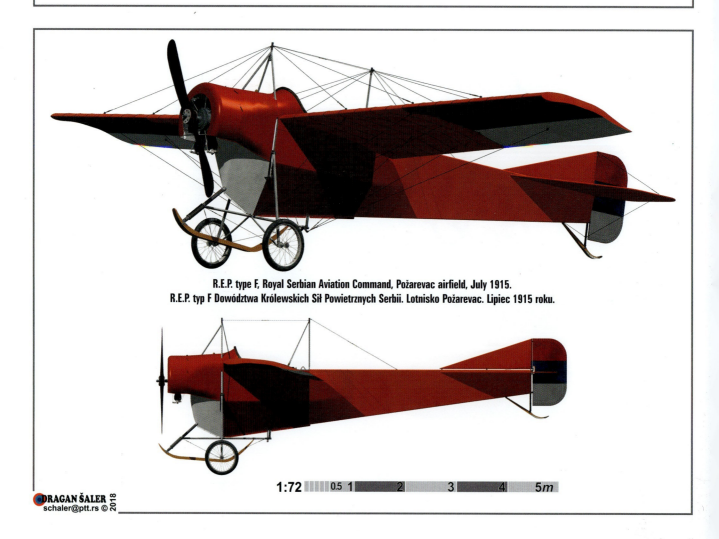

R.E.P. type F, Royal Serbian Aviation Command, Požarevac airfield, July 1915.
R.E.P. typ F Dowództwa Królewskich Sił Powietrznych Serbii. Lotnisko Požarevac. Lipiec 1915 roku.